U0573660

Ben
ja
min

Walter Benjamins Archive

Bilder, Texte und Zeichen

德意志文库

本雅明档案

瓦尔特·本雅明档案馆 编

李士勋 译

北京师范大学出版集团
BEIJING NORMAL UNIVERSITY PUBLISHING GROUP
北京师范大学出版社

乌尔苏拉·马克思（UM）

古德伦·史华兹（GS）

米夏埃尔·史华兹（MS）

埃特穆特·韦齐斯拉（EW）整理

瓦尔特·本雅明档案馆——

为促进科学文化发展，汉堡基金会

在柏林艺术科学院成立的一个机构

挖掘与回忆 [1]

　　语言曾准确无误地表示，记忆不是考察过去的工具，更确切地说是一种媒介。记忆是所经历事情的媒介，就像土壤是媒介那样，在土壤里，古老的城市躺在那里，是倒塌的。谁想就近观察自己倒塌的过去，谁就必须表现得像一个正在挖掘的人那样。首先，他不应畏惧一次又一次地回到同一件事情的真相上——要像撒开土壤一样撒开它，像挖掘土壤一样挖掘它。因为"事实真相"不再是一层一层的，这时候它首先听任最仔细考察的摆布，为了弄清事实真相，挖掘是值得的。也就是说，那些图片、那些从全部更早的关联中断裂的图像，像我们后来认识的简单居室中的珍品——如收藏家画廊中残缺不全的作品——那样站立着。按照计划进行挖掘，肯定是有益的。但在黑暗的土壤中仔细而又谨慎的挖掘同样是绝对必要的。为了最好的东西，挖掘会欺骗自己，它只制造出一个被发掘物品的清单，却不能在今天的土地上标明旧物保存的地点和位置。而真正的回忆应该比准确标明的地点，即回忆的研究者获得某物的地方报告的东西更少。所以，严格地讲，真正的回忆必须再现一幅回忆者同时想起的史诗和漫游艺人演唱的图像，就像一份好的考古报告那样，不仅必须标明被发掘物所出自的地层，而且必须首先给出那之前必须突破的其他地层。

---

[1]　《本雅明文集》IV-1，第 400 页及下页。

目 录

前　言

可是，人们什么时候

会像做卡片索引那样写书呢？

——《单行道》（《本雅明文集》Ⅳ-1，第 105 页）

1 本雅明的最后的档案依然是一个秘密：1940 年 9 月，瓦尔特·本雅明翻过比利牛斯山时随身携带的文件包依旧下落不明。那里面的文件只有一份被保存了下来，那就是 1940 年 5 月 8 日的一封经过公证的信。在这封信里，马克斯·霍克海默确认并通知了本雅明已获得纽约社会研究所成员资格，他的研究已经证实对该研究所有很大帮助。帮助他逃亡的丽萨·菲特科女士证实，本雅明首先想知道的是文件包能否找回，那里面可能有他的最重要的新手稿，比他自己还重要。那可能是《关于历史的概念》的论纲。更确切的东西，人们就不得而知了。但是，如果说文件包里有本雅明的文稿，那就是肯定无疑的。警察的报告提到了一些不明内容的文件并列举出了一些最后的物件—— 一块怀表、一只烟斗、六张照片、一副眼镜、一些信件、几本杂志和一些钱，旅馆和安葬费用的账单就是用这些钱结清的。

2 假如本雅明没有预防措施，他的遗物的遭遇肯定会和那个文件包一样。不难想象，那对他的著作的接受史来说意味着什么。如果说，今天他的档案数不胜数，这种情况在他的命运背景前几乎令人难以置信，那么这要归功于他的战略眼光，这种眼光帮助他把手稿、笔记本和印刷凭据交给不同国家的朋友并在他们那里保存了起来。因此，为了使这些文件得以流传，他把它们存放在朋友们手中。收件人把妥善保管那些纸片看作一种责任。本雅明以一个档案管理员的热情保证了自己思想生命的延续，这种热情就是想通过阅读从前的证明来理解当代。

3 然而，"本雅明档案[1]"这个概念不同于制度化的档案，后者对自己体系的认识说明了"档案"这个词的来源。这要追溯到希腊文以及拉丁文的词语如"政府大楼、当局、衙门"，这个词又推导出"开始、起源、统治"。档案工作的原则是秩序、效果、完整性和客观性。相反，《本雅明档案》却表现了收藏家的热情。档案里堆积着各种残片，它们是不能随便动用的储备。因此，它们必须得到拯救。它们是显露现实性的地方，是一个作家特有的档案柜，是主观的、不完备的、非官方的。

4 下面我们可以看到本雅明的十三个档案。它们不是在任何情况下都能被装在文件包、档案夹、卡片箱或者别的什么储藏柜里的。在对象意义旁边出现的东西是借用的意义：《本雅明档案》由图片、文字和符号组成，人们可以看见它们，触摸它们，不过它们也储藏了记录并分析了储藏物成分的经验、思想和希望。他的关于《巴黎拱廊街》的规划，那个语录和评论的汇集，提示人们应该从日常生活、艺术和梦境的元素去考察《19世纪的史前史》。它记录了各种典

[1] "本雅明档案"这个概念有两层意思：①有关本雅明的档案；②"作为档案管理员的本雅明自己建立的档案"。这里首先应该理解为第二层意思。这是本雅明档案馆的管理们根据本雅明的遗物，按照本雅明生前用制作卡片形式写书的设想编辑的一本书，实现了本雅明未实现的愿望。这些文字也是2006年柏林艺术科学院举办的一个展览的文字说明。译者有幸作为第一个中国读者参观了这个展览并购买了这本书。

型人物（游手好闲者、花花公子、捡破烂者、妓女）、各种建筑形式和地点（拱廊、大道、全景和地下墓穴）、材料（铁和玻璃）、时装、广告和商品的法则。本雅明为所有这些东西"都在我们记忆的档案里搞到一个位置"（波德莱尔）。作家的全部著作可以被理解为一部思想、感觉、历史和艺术的档案。

5 在这里，人们能发现什么呢？第一章"细心的树"——像这本书所有其他小标题那样，这也是本雅明的语录——可以看作本雅明作为自己的文献管理员工作的痕迹。保存下来的东西有目录、索引和卡片，它们既缜密同时又具有创意。其中心有一个档案柜，在这个档案柜里，本雅明按照自己的兴趣将材料分为通讯报道和手稿两类。"做成卡片的抄抄写写"在研究"把……写在卡片上"这个词语的双重意义—— 一方面意味着"不成功、分散、错过"，另一方面意味着成为可用的方法和信息。本雅明的遗物包括成百上千张小纸片；人们很容易联想到阿尔诺·施密特[1] 的《纸片之梦》或者《魁图斯·菲克斯兰[2]》中的纸片箱——让·保尔[3] 的纸片箱好像是毕德麦耶尔派[4] 的艺术档案，1934 年本雅明在一篇书评中这样写道。小开本纸片上的手稿增加了本雅明对小字的偏爱，这使人想到罗伯特·瓦尔泽[5]；"小之又小"这一章就采用了他们的描写。"物品品相"一章涉及的是俄国的玩具，那些玩具是本雅明在莫斯科购买的，他在一篇配有插图的文章中描写过。摄影是消失的证明，它把农民手工劳动的落后摆到人们眼前。"Opinions et pensées"（意见和想法）描述的东西可以追溯到史台凡·本雅明的

[1] 阿尔诺·施密特（Arno Schmidt，1914—1979），德国作家。

[2] 魁图斯·菲克斯兰，让·保尔的一部田园小说《魁图斯·菲克斯兰》中的主人翁。

[3] 让·保尔（Jean Paul，1763—1825），德国浪漫主义作家。

[4] 德国活跃于 1815—1848 年的一个文化艺术流派，被批评为具有脱离实际和庸俗化的倾向。

[5] 罗伯特·瓦尔泽（Robert Walser，1878—1956），瑞士德语作家。

词汇和固定词组——一个"无意义相似性的档案",一个父亲编制并加以说明的跟踪儿子语言和思维发展的档案。本雅明曾经把他的笔记本、重要的生产资料描述为"最柔软的寄宿处",在笔记本里素材和思想都被储存下来并具有一定的结构,其中的每一平方厘米都得到了充分利用。本雅明的明信片收藏只有很少一部分被保存了下来——这就是来自托斯卡纳和巴利阿里群岛的"明信片",不同的是,我们可以在那些明信片上读到热心的旅游者的笔记。"弓的张力"一章查明了将素材划分成章节的能力并表现为严格而又欣喜若狂的设想——思想和最初方案之间的联系环节,即本雅明的知识结构。图解的形态被看作"星座的位置":空间的、两极的和椭圆形的秩序,在这里概念之间或思考着的人物相互之间保持着一定的紧张关系。本雅明对捡破烂者形象的同情,使他的目光有可能注意到伟大的、尚未完成的《巴黎拱廊街》计划,即献身于拯救那些被历史遗弃者的"捡破烂"一章。在"变成空间的过去"一章里呈现的是杰曼·克鲁尔 [1] 的拱廊摄影遗物和萨沙·斯通 [2] 的室内布置研究——资产阶级的社交和私生活,如同一枚勋章的正反两面。本雅明把"干杏核"一章献给语言和游戏题的娱乐,这种娱乐引导他去收集一种短小的谜语——有些他发表了,另一些被他用意义相同的谜语取代了。"女预言家"一章的对象就是一个谜:锡耶纳城大教堂的八幅"女预言家"复制件。这些图片对于本雅明来说具有什么意义,至今不明。《巴黎拱廊街》里面引用的《埃涅阿斯纪》对一句格言做了一个示意——指向地下。

6 假如这些材料相互不一致,那可能就不是本雅明的档案了。这些收藏,每一种都是独立的、不可混淆的,但没有一种躺在封闭的抽屉里。非常

---

[1] 杰曼·克鲁尔(Germaine Krull,1897—1985),德国女摄影家。

[2] 萨沙·斯通(Sasha Stone,1895—1940),俄国摄影家,1929 年出版过一本柏林摄影画册。

细的线把一种收藏引向另一种收藏。设想与版画的布局配合得天衣无缝。谜语、语言的声音和歪曲以及意义的改变互相配合，如关于儿子史台凡的笔记，源于儿童世界的玩具、缩小的照片以及微小的字迹。女预言家的复制品是意大利和西班牙风景图片那样的明信片。档案是一个上位概念，纸条、笔记本、《巴黎拱廊街》笔记、照片和分段都属于这个档案。一切都因收藏家的天才而结合在一起，他把"在边界地区的家"（《本雅明文集》Ⅲ，第369页）看作新研究者的标志。

7 人们既不可能，也没有努力去争取完整性。缺少的资料是在1933—1940年遗失的。最令人痛惜的损失是本雅明的藏书，在莫斯科幸存下来的也只有可怜的一小部分。在柏林，本雅明保存并打算出版的海因勒兄弟的遗作也杳无踪迹。复制本雅明给电台写的文章亦失去了基础：他的广播录音都没了。但是，本雅明档案的介绍也放弃了诸如童书的收藏、本雅明的照片和成绩单之类可以看到的东西。文字资料应该进行严格的筛选。资料构成了各部分档案的特色，它们大部分都是可以弄到的：巴洛克文献的语录、波德莱尔的诗、关于歌德《亲合力》的杂文资料、布莱希特的十四行诗副本、听觉模型、关于收藏家和历史学家爱德华·福克斯的笔记以及《新时代报》的节录。此外，各种不同工作领域的藏书目录、舞台设计照片、保罗·克利[1]的素描以及——尽管很难放弃——康德的逸事和毒品感受都未予考虑。

8 当个别藏品被谈及的时候，收藏室就打开了。开始，示范性的物体站立着，它常常为思想打开一条道路，好像很自然。一组组文件产生了，衍生的姊妹篇变得清晰可见。对材料和著作上下文关联的观察提供了一种关于不寻常遗

---

[1]　保罗·克利（Paul Klee，1879—1940），德国超现实主义画家，生于瑞士，1933年从德国流亡，1942年死于瑞士。其瑞士国籍在他死后方才得到承认。

产及其创作者的解释——那是一幅从他自己的档案里勾画出来的作家肖像。

9 本雅明的工作方式带有归档、收集和制作技巧的印记。摘录、翻译、剪裁、拼接、粘贴、标记或者分类，在他那儿好像本来就是作家的工作似的。材料充实了，灵感会自燃。图片、文件和感觉会将其秘密泄露给明察秋毫的目光。本雅明对"nebenbei"（顺便，附带）这个词感兴趣。为了从边缘地区向中心突进，他喜欢在那个地方思索；他很喜欢使用"zentralst"（最中心）这个词。专注力和联想力使他在细节上发现了事物的本质。断简残篇服从了某种新的东西，研究者把它变成了某种不可替代之物。

10 根据本雅明的信念，收藏的基础不是"精确性""匆忙卷起材料"，也不是"全部数据的完整清单"。（《本雅明文集》Ⅲ，第216页）收藏家的特征是"一种与事物的关系，在事物中，这种关系不是使功能价值，也就是收益和适用性引起注意，而是把它们当作观察场所即命运的舞台加以研究和热爱"（《本雅明文集》Ⅳ-1，第389页）。真正收藏家的热情，决定了本雅明是"不守法而且有破坏性的"。他把"反对典型的、可分为等级之物的执拗和颠覆性的抗议"与对物的忠诚联系起来。占有关系突出了完全的非理性。对于收藏家来说，他收藏的物品、物品的产生以及过去"在向一部有魔力的百科全书、一种世界秩序靠拢，那种秩序的纲要即其研究对象的命运"。（《本雅明文集》Ⅲ，第216页及下页）

11 对于这里所涉及的对历史陈迹的怀疑来说，必定会碰到关于发掘与回忆笔记的暗示，那是一段关于记忆的关键文字。这里的意思接近于要求挖掘这种被掩埋的过去。也许挖掘必须井井有条地进行，但仔细而又试探性地在黑暗的土壤中挖掘也是绝对必要的。"挖掘会为了最好的东西欺骗自己，它只能提供一个被发掘物品的清单，却不能在今天的土地上标明旧物保存的地点和位置。"（《本雅明文集》Ⅳ-1，第400页）"现实性"这个概念，对本雅明来说，不是空洞的言辞。

12 能对此做出判断的人很少，有一个人能做到，他就是让·塞尔兹[1]。1932年，他在巴利阿里群岛一个很小的姐妹群岛松岛上与本雅明相识。他是在自己独特的领域里碰到他的，这个领域叫翻译，那时候他们一起把《1990年前后柏林的童年》部分翻译成法文。当时塞尔兹深入地认识了本雅明的思维方式和工作方法。他亲身体验了本雅明怎样探究词汇的绘画形象，他看见了本雅明怎样握笔，知道了不同笔记本的作用。塞尔兹在回顾时如此描述这位不寻常的谈话伙伴："瓦尔特·本雅明是我一生中遇见的最具有判断力的人之一。大概没有一个人用过同样的力量给我留下这样一种印象，它表现为一种思想的深邃，在这里，历史和科学的精确事实被一种严格的逻辑吸走并在同一个空间里像诗人的对应词那样移动，在那个空间里，诗不再是一种文学思维的形式，而是作为一种真实的表现即人与世界之间最神秘的关系明显地被揭露出来。"（让·塞尔兹：《回忆录》，第12页）

13 "十三这个数——每当我碰上它，就有一种强烈的快感。"本雅明曾引用马塞尔·普鲁斯特的这句话，本雅明和弗朗茨·黑塞尔[2]一起翻译过他的作品《追忆似水年华》（Àla recherche du temps perdu）中的两卷。本雅明对十三这个数字有一种特别的亲切感。他描述过圣吉米尼亚诺的十三座塔楼。他写过五篇包含十三条论纲的文字——《作家写作技巧的十三条论纲》《反对附庸风雅者的十三条论纲》《批评家之技巧的十三条论纲》《第13号》和《通

---

[1]　让·塞尔兹（Jean Selz，1886—1968），法国画家。

[2]　弗朗茨·黑塞尔（Franz Hessel，1880—1941），德国作家、翻译家和编辑。

往成功之路的十三条论纲》，其中四篇都在《单行道》里。它们是作者诗意地反思和阐述自己对写作、判断即所从事的主要工作之认识的小品文。"十三"被看作一个具有魔力的数字，代表密谋与危险，会带来幸与不幸。本雅明档案遭遇到的是后者。它们得救了，但愿它们不会被遗忘。

埃特穆特·韦齐斯拉 整理

细心的树

作为档案员的本雅明

收藏家的存在就是这样辩证地紧绷在无序和有序的两极之间。(《本雅明文集》 Ⅳ-1，第 389 页)

有时候档案员的精确性与某种干扰我的疑虑相适应，我带着这种疑虑面对自己的某种《文集》计划，用这种精确性保存了自己印出来的全部东西并编写了目录。如果我撇开作家写作的经济方面不谈，我可以说，这些纸页和小纸片为我呈现了一个私人印刷厂的无政府主义的图像。所以，我的出版战略的主要对象也就是我写的一切——除了一些日记之外——无论如何，要想办法付印。我可以说，我觉得——虽未经授权——这四五年来我还真成功了。(《本雅明书信集》Ⅳ，第 60 页及下页)

的确，我想的不是抓住新的东西，而是更新旧的。更新旧的东西，即通过我自己这个无经验者，把属于我的东西变成我的，也就是我在抽屉里积累起来的收藏品。(《本雅明文集》Ⅳ-1，第 286 页)

作为"收藏行为最隐蔽动机"的"防止散失的斗争"(《本雅明文集》Ⅳ，第 279 页)，在任何地方也找不到一种比放在档案中更简洁的表达了。鉴于自己外部生活的不安定，瓦尔特·本雅明用特别的坚定性和技巧进行着这种斗争。如果说他作为收藏家通过对自己作品的战略散播为保存和流传做出了贡献，这同时也不无讽刺意味。"为了你从我农田的小草和茎秆中得到完备的收藏，我将继续想办法给你搞到，"1928年——也就是说，还在流亡之前，本雅明在写给朋友阿尔弗雷德·科恩的信中就曾经这样写道，"所以，像你一样，这至少是我的优点，除了我的植物标本之外，任何地方如果还存在完整的植物标本，那么我的更多。"（《本雅明书信集》Ⅲ，第388页）他早就觉得自己的先见之明很有用，为了保存他转交的手稿，朋友可以充当他的思想和写作的储存处。"现在，那个时刻真的到来了，"1933年5月31日，本雅明在给格肖姆·朔勒姆[1]的信中写道，"在那里，你必须允许我从细心的树上——它的根在我心里、它的叶子在你的档案里——摇下几个少得可怜的果实来。"（《本雅明书信集》Ⅳ，第222页）

　　本雅明不仅非常仔细地在散播和保存自己的论文上花费精力，他还觉得档案员对他的手稿与收藏的理解同样重要。本雅明制作了一个自己的藏书目录（已佚失），并且"大约从中学毕业时起"（《本雅明书信集》Ⅲ，第39页）就在写一本详细地谈论他读过的文本的书。在一个很小的黑色亚麻布封面的本子上，可以找到流传下来的这种笔记。开始的登记号码是462（前面的书目佚失），本雅明的书单记录了从1917年至1939年这22年间读过的书，这个目录结束于罗伯特·希琴斯[2]的《黑帽》（*La toque noire*，1939），编号为1712。另一个笔记本保存了不同主题的目录学书目，如"浪漫派的杂志""侏儒的科学""神话研究"和"希腊罗马文学"。同样还有大量的卡片以及写着地址、摘录和文献清单的纸片。本

---

[1]　格肖姆·朔勒姆（Gershom Scholem，1897—1982），本雅明最亲密的朋友之一。原名格哈德·朔勒姆（Gerhard Scholem），后改名格肖姆·朔勒姆。犹太人，生于柏林，卒于耶路撒冷。犹太神学史家，犹太复国主义者。

[2]　罗伯特·希琴斯（Robert Hichens，1864—1950），英国作家。

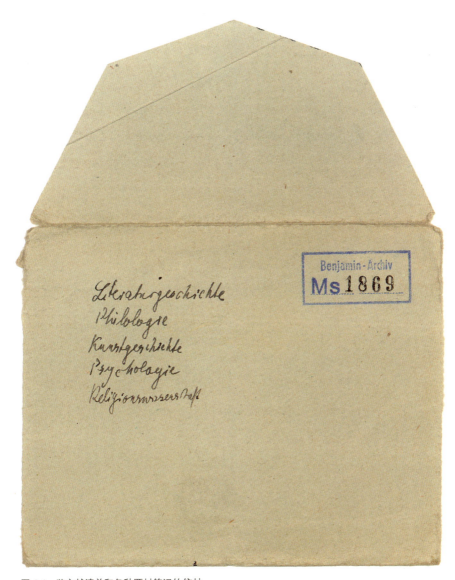

图 1.1　装文献清单和各种题材笔记的信封

雅明还用写上文字的信封进行主题分类（图1.1）。遗物中的一张纸条提到一个《带有诗句摘抄的诗歌纪念册》（本雅明档案，编号210/12），本雅明对此一定非常着迷。

为了保存他的档案，目录肯定也是存在的。进一步观察可知，他逃出柏林时留在柏林家里的可能是一个早期的图书目录（图1.2/ 图1.3），那是用黑色墨水写在从中间折成对开的黄褐色纸页上的。后来进行的修改、补充、删除和彩色的标记都表明，本雅明在很长一段时间里都在做这项工作并进行过多次修改。目录

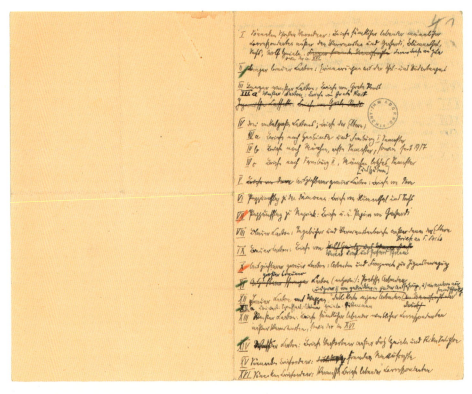

图1.2　瓦尔特·本雅明档案：早期物品的清单
对开纸上的手稿2页

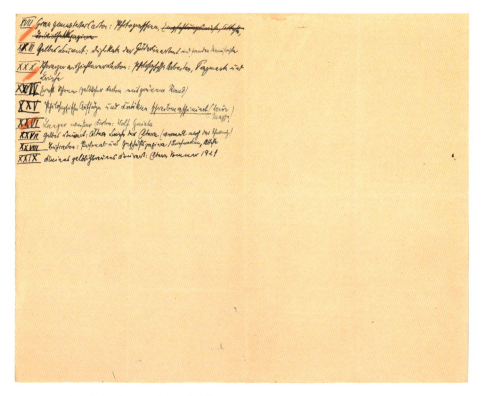

图 1.3　瓦尔特·本雅明档案：早期物品的清单
对开纸上的手稿 2 页

清单是一个查询助手，是一张本雅明档案的平面图。这张图示范性地描绘出本雅明的生活与写作。

　　这份目录包含三十个类别，其中主要是通信，但也有陌生人的手稿、私人的和业务上的资料以及自己的论文。后者根据内容和主题观点分了类，但也有一部分的分类是根据书面形式（"印刷的""手写的"和"打字机打的"）划分的。分段带有一种系统的却又"令人惊异的、非常世俗而又难以理解的关联"（《本雅明文集》Ⅲ，第216页及下页）。就常规分类学而言，本雅明的分类是扭曲的，带有一种主观的回忆和重要性的印记。他的分类——其中有"已故者的信件，弗里茨·海因勒和里卡·塞里克松的除外"和"全部在世的男性通信人的信件，亲戚和盖哈尔蒂、布鲁门塔尔、萨克斯、沃尔夫·海因勒……还有尤拉［·科恩］……的信件除外"——证实了一种个人与物的关系，在这里写信人还活着。就是说，只有某些人可以走到一起，而另一些人必须被分开或者得到一个自己的位置。这种生动的特征打破了"安静秩序的无聊"（《本雅明文集》IV-1，第 388 页）；在这些东西里，他更清楚认识的不是"功能的价值"，而是"事件发生的现场、命运的舞台"（《本雅明文集》IV-1，第 389 页）。

这种关系——文件夹、文件包、信封、木箱与纸盒子——通过注明商标（索耐肯[1]）、颜色、大小、产地（"魔鬼牌硬纸板"）以及物品特征（"带有家族徽章""可推拉"）或已折断（"已破"）被详细地加以说明。它们帮助实现了资料的系统化，同时提供了保护，保存并保护了里面的纸页，使之合在一起。本雅明觉得，从多方面保证档案的安全是他深为关切的事情。无意造成的纸张损坏处被他用一种类似羊皮纸的透明薄纸条粘好或者用邮票外圈的纸边修补好，在另外的情况下，他会用针线来修补（图 1.4/ 图 1.5）。20 世纪 30 年代中期，他用拍照的办法复制了《走廊》，为了保存它们，他将照片寄给了纽约社会研究所。他抄写自己的论文（有时候请人抄写），然后把它们寄给朋友或者同事并请求朋友"仔细保管这份手稿"（《本雅明书信集》I，第 452 页）。在被退回或转寄的情况下，他曾为此多次请朋友——提出建议的估价——为他的手稿购买保险。比如，他的"墨西哥同行的笔记"，朔勒姆请求退回，他就并没有过分苛求地估计"价值 400 马克"（《本雅明书信集》I，第 453 页）。根据早期的一篇柏林的笔记可知，他把照片保存

---

[1]　弗里德里希·索耐肯（Friedrich Soennecken，1848—1919），德国办公用品公司创立者。

在"旧的大橱柜——中间一排抽屉最下层右边的小抽屉里"（图1.6）。他还有一个"装杂志的箱子"（本雅明档案，编号210/12）。在柏林他最后的住处有一个锁着的手稿柜子（《本雅明书信集》IV，第90页），本雅明在那个柜子里保存了他的生活与写作的残留物，那些东西就是他的存在"被裹起来……财产"，按照"学科、抽屉和纸箱"分门别类，整理得井井有条。（《本雅明文集》IV-1，第286页）

目录表明本雅明多么重视自己的文字，而且多么准确地判定，文件在流亡之前就可能会遭受损失。那些文件有些被毁掉了，有些被视为下落不明——那么一大部分曾被引用的信件，其中有的来自格蕾特·拉特、父母

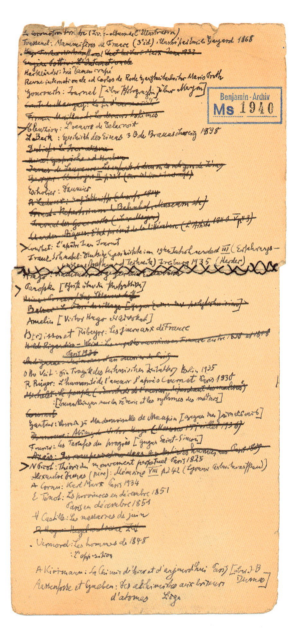

图1.4 法国国家图书馆表格背面的文献目录手稿

ADHÉREZ

A LA

SOCIÉTÉ DES AMIS

DE LA

BIBLIOTHÈQUE NATIONALE

ET DES

GRANDES BIBLIOTHÈQUES

DE FRANCE

(S'adresser au Magasin de vente)

POUR

VOS TRAVAUX PHOTOGRAPHIQUES

VOS BIBLIOGRAPHIES

ET VOS RECHERCHES

ADRESSEZ-VOUS

A

L'OFFICE DE DOCUMENTATION

DE LA

S.A.B.N.

(S'adresser au Secrétaire de la Bibliothèque Nationale)

RECHERCHES FAITES :

Au Catalogue :

En place

A la réserve

OBSERVATIONS

Pour obtenir sans attente communication des ouvrages MM. les lecteurs peuvent les demander la veille :

Soit par un bulletin jaune déposé dans la boîte placée à l'entrée de la salle (communication des livres à partir de onze heures) ;

Soit par une lettre ou une carte postale adressée à M. le Conservateur du Département des imprimés (communication des livres au début de l'après-midi).

Soit en signalant aux gardiens chargés de la réception les livres qu'ils désirent se faire réserver pour le lendemain : trois au maximum (communication dès l'ouverture de la salle).

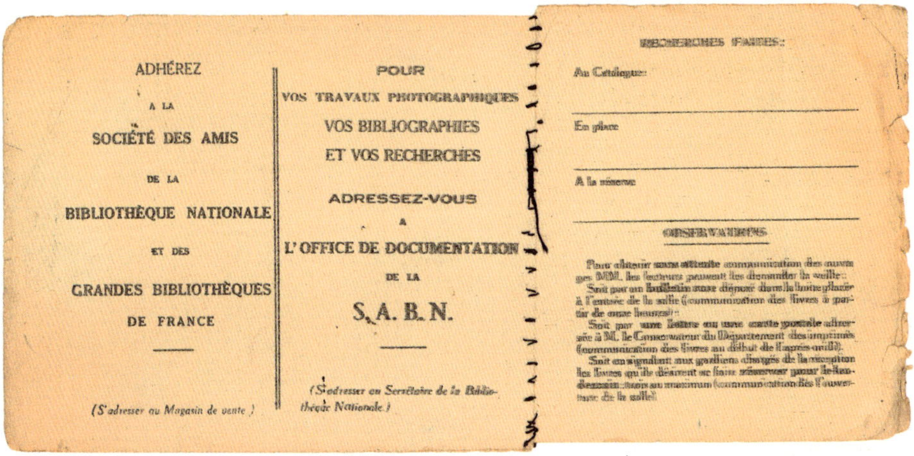

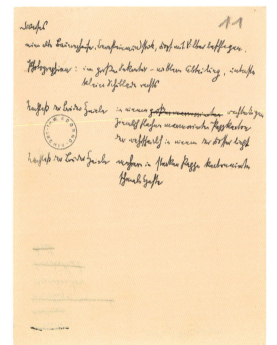

图 1.5　法国国家图书馆表格正面

（从穿孔活页本子上撕下，估计又被本雅明缝在一起）

11

TH. W. ADORNO ARCHIV

图 1.6　“档案馆馆员的笔记”

手稿 2 页，复制第 1 页

亲、弗朗茨·萨克斯、沃尔夫·海因勒，有的来自与青年运动相关的其他朋友。它们是否失踪或者哪些"哲学论文、片段"失踪了，至今仍难以弄清。已经印出来的论文凭据都找到了，估计是本雅明保存在那个带有家族徽章的纸盒子里的（清单第Ⅶ）。在1931年10月28日致朔勒姆的信中，他谈到"档案馆馆员的精确性，我用这种精确性保存了我已经印出来的全部作品并做了目录"（《本雅明书信集》Ⅳ，第60页）。这里包含的《我已经印出来的论文目录》，大概就是他的遗物中现有的那些（图1.7）。那是10页流传下来并且订起来的、有几张两面书写的纸，虽然不够完整，但从1911年至1939年也有共436条证据。估计他让女秘书把这个单子用打字机又打了一份。（打字稿，第2379~2393页）此外，至1928年为止，登记还将每一个条目单独转录到一张卡片上（本雅明档案，编号218）。本

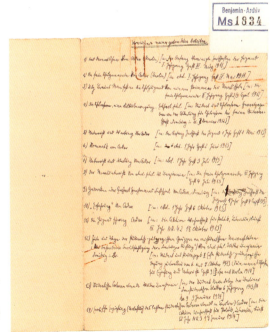

图1.7 《我已经印出来的论文目录》（1911—1939年）
手稿13页，复制第1页（参见《本雅明文集》Ⅶ-1，第477~479页）

GABRIELE ECKEHARD: DAS DEUTSCHE BUCH IM ZEITALTER DES BAROCK

Ullstein, Berlin

Es ist selten, daß Sammler als solche sich der Oeffentlichkeit vorstellen. Sie wünschen als Wissenschaftler, als Kenner, zur Not auch als Besitzer zu passieren, aber sehr selten als das, was sie vor allem doch sind: als Liebhaber. Diskretion pflegt ihre stärkste, Freimut ihre schwächste Seite zu sein. Wenn ein großer Sammler den Prachtkatalog seiner Schätze veröffentlicht, repräsentiert er zwar seine Sammlung, in den seltensten Fällen aber sein Sammlergenie. Von diesen Regeln bildet das vorliegende Buch eine ~~be-grüssenswerte~~ Ausnahme. Ohne gerade Katalog zu sein, repräsentiert es eine der stattlichsten Privatsammlungen deutscher Barockliteratur; ohne gerade Entstehungsgeschichte der Sammlung zu sein, enthält es die Impulse, aus denen sie sich gebildet hat. Man redet so gerne von dem „persönlichen Verhältnis", das ein Sammler zu seinen Sachen habe. Im Grunde scheint diese Wendung eher geschaffen, die Haltung, die sie anerkennen will, zu bagatellisieren, sie als unverbindliche, als liebenswürdig-launische hinzustellen. Sie führt irre.† Am ehesten aber wird man die Gemeinde der wahren Sammler als die der Zufallsgläubigen, der Zufallsanbeter zu bezeichnen haben. Nicht nur darum, weil sie alle wissen, daß ihr Besitz sein bestes dem Zufall dankt, sondern weil sie in ihren Besitztümern selber den Spuren des Zufalls nachjagen, weil sie Physiognomiker sind, die da glauben, daß nichts so Ungereimtes, Unberechenbares, Unvermerktes den Dingen zustoßen könne, daß es in ihnen seine Spuren nicht hinterließe. Diese Spuren sind es, denen sie nachgehen: der Ausdruck des Geschehenen entschädigt sie tausendfach für die Unvernunft des Geschehens. — Soviel um anzudeuten, warum es die Sammlerin und nicht nur die Verfasserin dieser Schrift rühmt, wenn wir sie eine Ader in der Physiognomik nennen. Was sie vom Einband, von der Druckweise, der Erhaltung, dem Preis, der Verbreitung der Werke, mit denen sie es zu tun hat, aufzeichnet, sind ebenso viele Verwandlungen zufälligen Geschickes in mimischem Ausdruck. So von Büchern zu reden, wie sie es tut, ist das Vorrecht des Sammlers. Hoffen wir, daß dem Beispiel, das hier — bis in Ausstattung und Illustration hinein — gegeben wird, so viele folgen, als wenige ihm vorangingen.†

W. B.

图 1.8　加布里艾勒·艾克哈特对《巴洛克时代的德国图书》的评论

在右上边缘处本雅明注：《文学界》Ⅶ-1，第 477~479 页

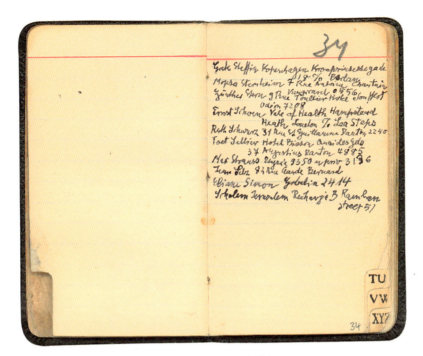

图 1.9　瓦尔特·本雅明的巴黎通信录（20 世纪 30 年代）
复制第 33 页和第 34 页

雅明把他的论文证据收集起来，剪下来（或者收到的就是剪报），然后用胶条贴在一张大些的纸上。每一篇上面他都亲自注明了证据来源并做了改动、补充和注释（图 1.8）。

　　在对他的纸片、制作的图书馆学目录、母题和图书清单以及收集的语录与笔记进行仔细整理和理解的过程中，一种工作方式被记录了下来，这种工作方式所要达到的目的，比纯粹的保护知识和制成目录要多得多。本雅明的档案表现为对提纲、想法和引语的保存。但这些搜集起来的东西不仅应该保存起来，而且应该创造性地使用并在当前确定一个位置。因为本雅明在"挖掘与回忆"中写道："挖掘会为了最好的东西欺骗自己，它只能提供一个被发掘物品的清单，却不能在今天的土地上标明旧物保存的地点和位置。"（《本雅明文集》IV-1，第 400 页）

乌尔苏拉·马克思　整理

图 1.2 至图 1.3

Ⅰ索耐肯牌文件夹：全部在世的男性通信人的信件，亲戚和盖哈尔蒂、布鲁门塔尔、萨克斯、沃尔夫·海因勒的信件除外。此外，还有尤拉以及在下面（ⅩⅥ）里的信件除外

Ⅱ棕色长纸箱：中学和大学时代的回忆

Ⅲ白色长纸箱：格蕾特·拉特的信件

Ⅲa白纸箱：格蕾特·拉特的信件

Ⅳ三个中型纸箱：父母亲的信件

Ⅳa寄往豪宾达和弗莱堡的信件，第Ⅰ学期

Ⅳb寄往慕尼黑的信件，第Ⅰ学期，以及自 1917 年以来的信件

Ⅳc寄往弗莱堡的信件第Ⅱ部分，上学期寄往慕尼黑的信件及后来的信件

Ⅴ可推拉的灰色纸箱：朵拉的信件

Ⅵ魔鬼牌硬纸板文件夹：布鲁门塔尔和萨克斯的信件

Ⅶ麦林克硬纸板文件夹：盖哈尔蒂的信件和其他论文

Ⅷ蓝色纸箱：日记和亲戚们的信件，父母亲给 F. 萨克斯的信件除外

Ⅸ褐色纸箱：维尔纳·克拉夫特和格哈德·朔勒姆的信件

Ⅹ可推拉的灰色纸箱：青年运动的论文和片段

Ⅺ大棕色纸箱（已破）：全部已经发表的和未发表的诗作手稿

Ⅻ棕色带有家族徽章的纸箱：自己论文的副本

Ⅻa信封：海因勒与古特曼的文件夹

ⅩⅢ白色纸箱：全部在世的女性通信人的信件，ⅩⅥ中亲戚的信件除外

XIV 白色纸箱：已故者的信件，弗里茨·海因勒和里卡·塞里克松的除外

XV 白色纸箱：索耐肯牌的书信夹，其他人的手稿

XVI 白色纸箱：混在一起的在世的通信人的信件

XVII 灰色的有图案的纸箱：照片

XVIII 黄色的信封：关于荷尔德林的论文副本和其他人的手稿

XXX 黑色的可推拉的纸箱：哲学论文、片段和信件

XXIV 恩斯特·舒恩（带绿边的黄色纸箱）

XXV 哲学文章和批评，用打字机打的（蓝色文件夹）

XXVI 白色长纸箱：沃尔夫·海因勒

XXVII 黄色信封：父母亲早年的信件（估计在去瑞士以后）

XXVIII 装书的纸箱：个人文件和公文、邮票、医生证明

XXIX 棕黄色的小信封：父母亲的信件，1921 年夏天

图 1.6

杂物

一个农民的旧烟斗：琥珀烟嘴，上面包银

照片：在大橱柜里——中间一排抽屉最下层右边的小抽屉里

海因勒兄弟的遗物，在一个长方形的相当浅的大理石色硬纸盒中，可能放在某个箱子里

海因勒兄弟的遗物，多个硬纸板封面的狭长本子

做成卡片的抄抄写写

收集与分散

对某个其文章像我的文章一样分散，而且其处境不容他再有任何幻想的人来说，有一天可能会看到它们被搜集起来，知道这里那里有一个读者，他知道以某种特有的方式喜欢并熟悉我的零星文章，那将是一种真正的肯定。(《本雅明文集》IV，第394页）

卡片索引带来了三维文字的胜利，也就是说，那是一种像卢恩字母或者结绳记事那样的文字起源时期的令人惊异的三维性对位。（而今天，正如当前的科学生产方式教给人们的那样，书籍已经成为两种不同的卡片索引系统之间过时的中介。因为一切重要的东西都可以在研究者撰写的卡片箱里找到，在这里面进行研究的学者把它们吸收进自己的卡片索引。)(《本雅明文集》IV-1，第103页）

虽然本雅明在20世纪20年代后期有一个不那么小的读者圈，但他已经感受到作家这种自由职业者生存的艰难：保证生活费的负担；由此产生的要在编辑部与出版社之间进行疏通的必要性；获得委托、付诸实施与分配收入的无情循环；因为，为了糊口的工作吞噬了所有的时间，不可能致力于自己的较大项目。"可耻的为了报酬的抄抄写写"——他在1928年9月的一封信中曾经这样称呼这种工作，并表示他也还是保持了一定的生活水平，因此那种抄抄写写并没有使他

"感到恶心"。他不缺少让人印坏东西的机会，但他缺少某种撰写坏东西的勇气。（《本雅明书信集》Ⅲ，第 414 页）所以，纯粹的规定动作既不是写评论也不是写广播稿。当报纸与广播电台在 1933 年 2 月同时关闭的时候，他的出版活动——那种相对稳定的体系就崩溃了。在流亡法国时期，本雅明虽然能够用东道国的语言写作，但他获得收入的可能性却戏剧性地减少了。当然，恰恰又是在巴黎这个地方，他的生活费几乎难以筹措："有些地方，我在那儿挣的钱微不足道，有些地方，我在那儿能够靠微薄的收入生活，但同时具备这两个条件的地方却没有一个。"（《本雅明书信集》Ⅳ，第 163 页）他该怎样筹集必要的费用才能获得研究波德莱尔著作和巴黎拱廊的图书目录呢？那些资料来源基本上只有在各国的国家图书馆才能找到。在 1938 年 7 月 20 日的一封信中，本雅明向生活在耶路撒冷的熟人基蒂·马克思－施泰因耐德报告了自己经过几个月不安定的生活与写一篇较长论文之后所面临的多方面困难："我正在进行的研究工作处于停顿状态，这种状态迫使我不断地进行卡片的抄抄写写，有时多些，有时少些，在这段时间里，这种工作一再地使我感到喘不过气来。"（《本雅明书信集》Ⅳ，第 141 页）

"抄抄写写"这个词标志着——正如有关"为了报酬没完没了的抄抄写写"所清楚表明的那样——对工作结果的某种藐视。"我不得不开始写完全不同的新闻，并因抄写外交新闻而受到不利影响"（《本雅明书信集》Ⅲ，第 321 页），据说在 1928 年 1 月，即在《单行道》出版之前就已经这样了。本雅明也喜欢把那些妨碍他的工作称为"胡闹"。他使用"把什么写在卡片上"这个概念与此类似，即看作"散开""肢解""丢失"和"浪费"——可以看作障碍或阻碍、新的东西、别的东西或"本来的东西"。1934 年 7 月，他通知格肖姆·朔勒姆，也许他会用最后一笔钱把自己在柏林和巴黎的藏书集中运到生活在斯文堡的布莱希特那里，"也还是为了不使藏书因为欧洲被分裂而受到损失"（《本雅明书信集》Ⅳ，第

461 页）。当他 1934 年 1 月把《1900 年前后柏林的童年》手稿寄给曾极力夸赞《单行道》的赫尔曼·黑塞时，他曾抱怨，由于他离开了德国和与此相关的无能为力，他遭到某编辑部的专横对待，那个编辑部把他的手稿"分割为一个个文学副刊的小品文，既没有用他的题目，也没有署作者的名字"（《本雅明书信集》Ⅳ，第 334 页）。相反，那个无法企及的图像是完整的、集中的、收藏的和不可分割的。对本雅明来说，《1900 年前后柏林的童年》属于他的"被弄得支离破碎的书籍"（《本雅明书信集》Ⅴ，第 189 页）。

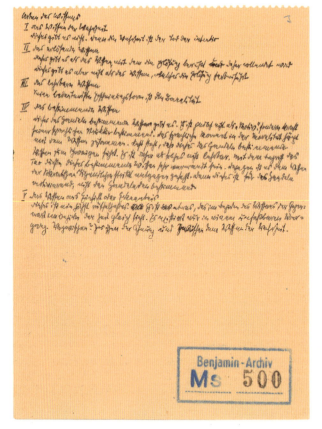

图 2.1 《知识的种类》（1921 年）手稿 1 页（参见《本雅明文集》Ⅵ，第 48 页）

为了手稿的安全，本雅明感激地体验了每一种辛苦。一本传记曾提及历史学家兼神学家卡尔·梯莫在《宗教思考》杂志上发表了他的论文，本雅明把这理解为"知道这里那里有一个读者，他知道以某种特有的方式喜欢并熟悉我的零星文章，那将是一种真正的肯定"（《本雅明书信集》IV，第394页）。1935年2月本雅明向朔勒姆宣布，他看到"在这个历史的和生命的时期"，"把我的被不断割裂的作品最终收集起来是无法预料的，而出版它们的可能性比任何时候都小"。（《本雅明书信集》V，第47页）他觉得收集自己那些"被不断割裂"的文章是不可能的，

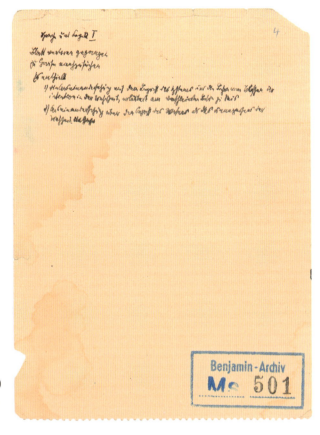

图2.2 《语言和逻辑》（1921年）手稿1页（参见《本雅明文集》VI，第23页）

17

然而在他死后，不可能的事情仍然变成了可能，这要归功于他的算计和朋友的觉悟。他的遗物证明，他在逆境中仍然能够坚韧不拔地写作。

他讲述了一个极不平常的写作计划的历史，在那个计划里，唯美主义和实用主义同样重要。本雅明使用了他精心挑选的材料。他的生活状况使他的工作条件不可能有任何奢侈，情况越来越糟。人们有这样的印象：在流亡中，经济困难要求他使用（或再利用）到手的一切——寄给他的信、明信片或书评邀请函、图书馆表格、车票、预制表格、"圣培露"牌矿泉水的广告、他的朋友弗里茨·弗兰克的菜单、医生和毒品专家扔掉的处方笺背面（图2.3至图2.9）。那些大大小小的纸片尺寸令人着迷：有些纸片不到4.5厘米×9厘米。尽管如此，本雅明仍然能够成功地加以利用，直至最后一平方毫米。他留下了大量的小纸片、笔记、纸条，那上面详细而又丰富地展现着他的伟大工作。

图2.3和图2.4 《弗朗茨·卡夫卡》笔记（1934年）
手稿1页，反面剪下的部分
（参见《本雅明文集》Ⅱ-3，第1207页）

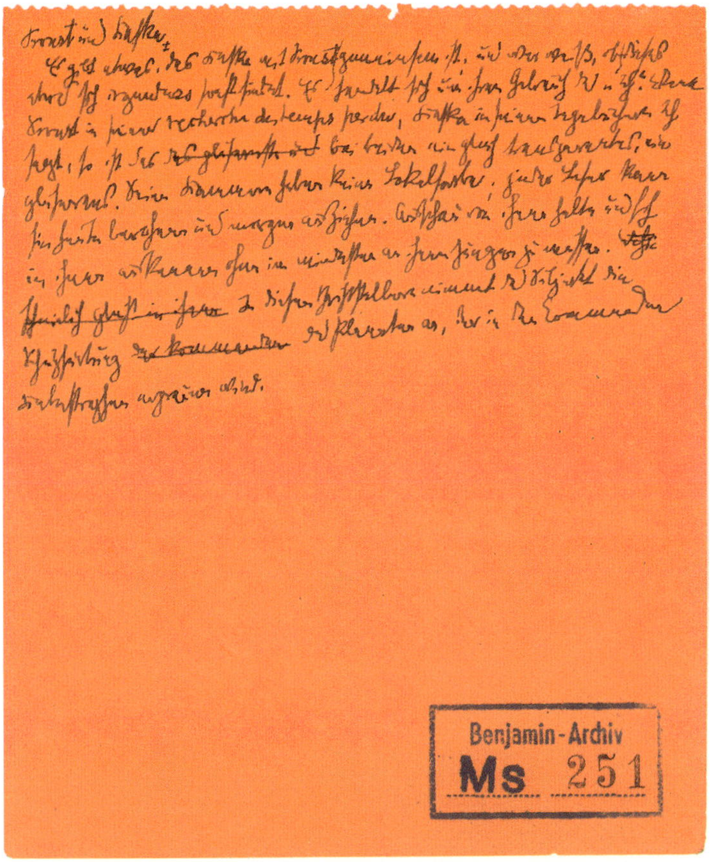

图 2.5　《普鲁斯特与卡夫卡》，《弗朗茨·卡夫卡》笔记（1934 年）
手稿 1 页，反面剪下的部分（参见《本雅明文集》Ⅱ -3，第 1221 页）

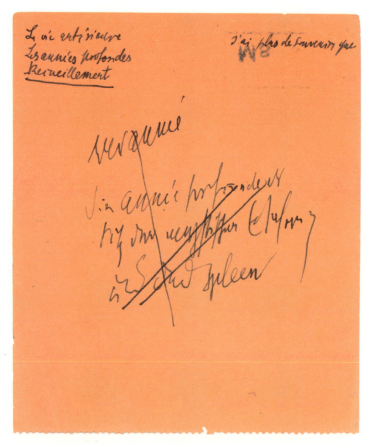

图 2.6 《普鲁斯特与卡夫卡》，《弗朗茨·卡夫卡》笔记（1934 年）
手稿 1 页，反面剪下的部分（参见《本雅明文集》Ⅱ-3，第 1221 页）

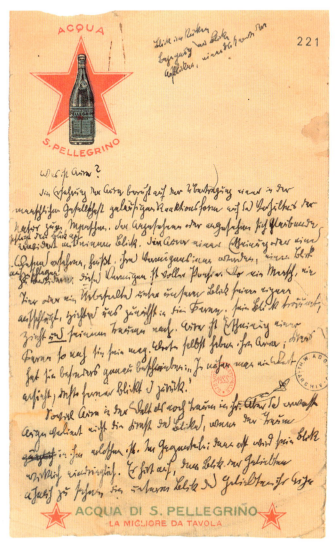

图 2.7 《什么是光晕^[1]？》
手稿 1 页

---

[1] 光晕（Aura）原文为拉丁文，后被引入西方各种语言，形式不变。

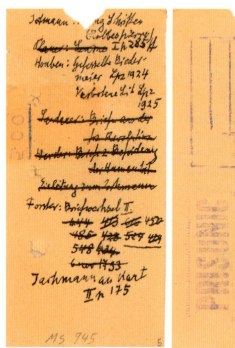

图 2.8 和图 2.9 《传记笔记》
手稿 1 页和反面

然而，本雅明遗物的结构并不仅仅归咎于贫困。这种结构指点着他的作品特征、思想方法和写作方法。当他产生一个念头的时候，他不会等很久去寻找合适的纸张，而是利用身边最好的东西。于是，那些重要的念头就被顺便记录下来了，是的，被"潦草地写了下来"，常常是在别的文章的边缘或者直接与那篇文章交叠在一起（图 2.10 至图 2.11）。当然他也认识到了"写在纸片上"这个概念的意义，在图书馆学或词典编纂学里这是很常见的事情："出证明"，"摘录"，"属于同一整体的内容分别写在单张纸片上或者分别做成卡片"。

维也纳宫廷图书馆于 1780 年引入卡片索引，因为卷册索引不能承受潮水般涌进来的人的压力。教会的图书被分别写在一张张纸片上，也就是"做成卡片"，为的是使那些单个的登记在提供它们的地方单独使用并按照不同的标准进行分类。正如 1946 年开始编纂的歌德词典根据魏玛的版本做成了卡片那样，卡片使编纂学的计划成为可能。卡片及其更强大的姐妹群索引卡片——《组织》杂志在 1929 年谈到这种东西时说"卡片无所不能"——因其灵活性而博得好感并代表了现代精神。

本雅明早就认识到这种分类方法的艺术潜力：马拉美有"一个卡片索引形式的诗意工具"（《本雅明文集》III，第 555 页）。《单行道》里有一段题为"宣誓审计员"，本雅明在那里提出了一种科学管理战场上的革命。当前的科学生产方式教导说，今天书籍可能已经成为"两种不同的卡片索引系统之间过时的中介"："因为一切重要的东西都可以在研究者撰写的卡片箱里找到，在这里面进行研究的学者把它们吸收进自己的卡片索引。"（《本雅明文集》IV-1，第 103 页）本雅明一再按照"积木原则"[1] 处理他的文本要素，把它们复制、剪裁、粘贴到一张新的纸页上并重新安排，这是在电子文本处理中建立名为"copy and paste"（复制和粘贴）的工作方式和为了管理随便什么记录而开发的计算机程序"卡片经济"之前很久的事情。本雅明能完全用引语写一篇文章的思想就是以这种可能性为前提的，就是使材料在收藏内部保持灵活性，能够任意地移动各个要素。此外，所有这些要素开始时都是同等级别的；人们要做的就是把知识和卡片组织起来，而不把任何等级制度放在眼里。

埃特穆特·韦齐斯拉　整理

---

[1]　积木原则是把一个整体分成若干部分，可以任意组合成不同形状。工业化时代根据这个原则发展出"模块化"乃至零部件等概念。这种思想促进了工业化生产，降低了成本。本雅明只是从语言学角度理解和应用这个思想。卡片索引就是一块块积木、一个个模块的组合。

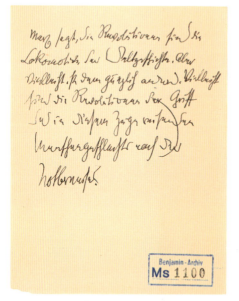
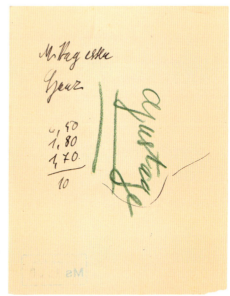

图 2.10 和图 2.11　《关于历史的概念》札记："马克思说，革命是世界历史的火车头。但情况也许完全是另一个样子。也许革命是这列火车上旅行的人类抓握的紧急制动器。"（约 1940 年）

手稿 1 页，连同背面（参见《本雅明文集》Ⅰ-3，第 1232 页）

小之又小

微型绘画

瓦尔特的小东西使我的虚荣心不得安宁。我也能［……］

正如你看到的那样，我的字体又变得更大了，这大概是一个我应该停止写些无聊东西的信号。（朵拉·索菲致格肖姆·朔勒姆的信，见《本雅明书信集》Ⅱ，第 198 页）

我带来了一篇新的手稿——一本很小的书，它将使您感到惊异。（《本雅明文集》Ⅳ，第 144 页）

谁开始展开回忆的折扇，谁就能发现新的部分、新的扇骨，每一个图像都不能使他感到满足，因为他认识到，扇子可以展开，特殊的东西就在那些皱褶中：那幅画、那韵味、那种为了这个缘故的每一次触摸，我们曾将这一切分开并展开；而现在，回忆从小东西蔓延到最小的东西，从最小之物蔓延到最微小之物并变得越来越强有力，它们将在这种微型宇宙中相遇。（《本雅明文集》Ⅵ，第 467 页及下页）

回忆做的事情：使事物变小，使它们挤在一起。海员的陆地。（本雅明手稿，编号 863 反面）

对于本雅明来说，文字不仅意味着记述思想，而且也意味着理论上反思的对象和题目。理想的写作应该自然而然地流出："当烟头上的缕缕青烟和自来水笔[1]笔尖上的墨水同样轻轻地流动时，我就会觉得自己如处作家写作的阿卡狄亚[2]。"（《本雅明文集》Ⅳ-1，第 112 页及下页）贵重的纸张、特定的笔尖、墨水和铅笔，此外还有专用的没有干扰的空间，对他来说都是写作之河顺利流淌的重要前提。大概在致西格弗里德·克拉考的一封信中，本雅明说他曾得到一支新的自来水笔，那是一件"十分可爱的东西，有了它，我就能满足一切梦想并施展我的创造力，我觉得在已经消失的羽毛笔时代，不可能产生这种创造力"（《本雅明书信集》Ⅲ，第 262 页）。

但是，为了能帮助把孕育的念头变成一种恰当的文字并付诸笔端，抵制也是必要的。应该使灵感通向思想、风格再到文字的道路变得困难重重。本雅明说，作家应该使他的"笔矜持地反对灵感"，"而笔将用磁力把灵感吸引到自己跟前。你越深思熟虑地用记下一个念头来使之变形，你会觉得它提供的东西越成熟"。（《本雅明文集》Ⅳ-1，第 106 页）为了使梦想得到满足并提供突然想到的念头，流动和拖延必须同时进行。

能反映本雅明性格特征的小字，迫使他走向聚精会神、深思熟虑和精确的图解简约主义，他可以在这种语境中确定自己的位置。这种缩小的字体令人想起罗伯特·瓦尔泽的"铅笔系统"，瓦尔泽试图用这个系统再次达到那种他觉得不可能的书写。从 1924 年起，瓦尔泽在用羽毛笔将他的文章誊清之前，就开始把最早的灵感"用铅笔去写、去画并打发时间"（瓦尔泽，引自莫尔朗，第 58 页）。

---

[1] 自来水笔的投入使用起始于 1884 年，西方人发明改进书写工具经历了大约一百年。自来水笔克服了羽毛笔不能连续使用和易坏的缺点。第二次世界大战后匈牙利人发明了圆珠笔，减少了自来水笔的生产。书写工具的演变直接影响了作家的写作。歌德称墨水为"液体思想"。

[2] 阿卡狄亚（Arkadien），古希腊地名，环境幽美、民风淳朴、牛羊遍地，被引申为"世外桃源"。

他试图通过这样在纸上游走的几乎无法辨认的笔迹来解除"书写痉挛"。本雅明的手稿尽管外表很相似，但看起来仍然是完全不同的方法的表现。当瓦尔泽试图在小之又小的范围内重新学习"游戏和写诗"（瓦尔泽，引自莫尔朗，第58页）、重新打开童年无忧无虑的自由空间并试图让文字和语言流动起来时，本雅明涉及的却是文字的"安放"和思想的把握。在这里，小的东西不是能重新得到和仿制的天真，而是成人的反思和专注的产物。在书写工具上，本雅明大都使用自来水笔——书写的另一页说明了这一点。让·塞尔兹想起"微小的字体，他永远找不到足够尖的写小字的自来水笔，为此，他在书写时不得不转动笔尖"（让·塞尔兹：《回忆录》，第13页）——那是一种完全针对文字的笔画与流动的书写姿势。

本雅明遗物中手稿记录的是他大约在1917年或1918年写的东西，字体大概比后期更大些，而且也更向外摆动。我们几乎不可能借助字体的大小和笔迹确定书写的时间。本雅明手迹的发展不是单一的，而是变化的。它们几乎总是密集而又纤细；即使在肯定是为自己所用的笔记里，他也很少放弃"最纤细的效果和精确性"（朔勒姆：《天使》，第14页）。尽管字体细小，在最小的空间里显得拥挤，他的书写也几乎从不马虎。字母的大小约在1毫米和7毫米之间。本雅明对于小字的偏好尤其在20世纪20年代得到发展，一个例子就是1926年5月21日发表在《文学评论》上的文艺批评《和平商品》，这是一场反对弗里茨·冯·汶鲁《尼克的翅膀》（1925）的尖锐论战。用一种1~1.5毫米大小的字母誊清的稿子肉眼难以辨认（图3.1）。相似的情况也适用于《巴黎拱廊街》（1928/1929）的一份早期的草稿，本雅明的这份手稿中间有折痕，那是一张贵重的、不常见的纵长格式的手工纸纸页（图3.2）。在那张长22厘米的纸页上，他写了整整八十一行。朔勒姆早就提到过本雅明的"从未达到的虚荣……在一张平常的信笺上写一百行字"，而且报道过他对巴黎克吕尼博物馆的两颗麦粒的痴狂，称"一位远亲在那上面写了全部 Schma Israel[1] 的祷词"。（朔勒姆：《天使》，第 446 页）本雅明经常出现这样的情况，好像他想用文字完全铺满纸页似的（图 3.3）。另外，在本雅明那里也有"巨型字母"（《本雅明书信集》Ⅱ，第 446 页）。虽然有些书信和著作手稿使用"正常大小的"字号，但那均属例外。

与瓦尔泽一样，本雅明也是一位书写纸页的美学家；作为文字图像，手稿也应该赏心悦目。本雅明在 1925 年写了讽刺性杂文手稿《梦的缠绵——对超现实主义的嘲讽》，这是"一篇对超现实主义的思考"（《本雅明书信集》Ⅱ，第 116 页）。本雅明觉得这篇文章在《文学世界》杂志上发表似乎太难，于是在小字旁边对版式做了说明：在狭长栏里分段的文字使人想起一种报纸版面的编排（图 3.4）。在一首关于克里斯多夫·海因勒（1894—1914）之死的早期十四行诗里，手稿的外观设计参考了诗里表现的内容。小字和大张纸的对比，形象而又明确地表现出本雅明失去朋友的悲伤、寂寞和生者的孤独（图 3.5）。

与所书写文字空间的密度相适应的是表达精密和风格简洁的经济状况。在这种风格里，"创造性谦虚"的伦理学认为，完全生活在其事业内部的风格与沾沾自喜想法的风格根本不相容。（《本雅明文集》Ⅲ，第 136 页）

本雅明微书写的效果，从积极的意愿来说是一种麻烦——对书写者如此，对读者亦如此。正如作家被迫注意每一个字母那样，收信人会觉得"这种不得体的书写方式一点儿也不像我最友善观念的其他任何表现"（《本雅明书信集》Ⅱ，第 399 页）。然而，这种书写不仅是这种思想的表现，而且也是对这种思想提出的要求。本雅明有失体统地苛求读者的专注与努力，此外他给更快的阅读设置了障碍，而他最后为此期望得到的也就是推动思想。本雅明的微书写不理睬附带的

---

[1] 犹太人早晚的祷告词："听，以色列，主就是上帝，主是唯一。"（《圣经·申命记》，6：4）

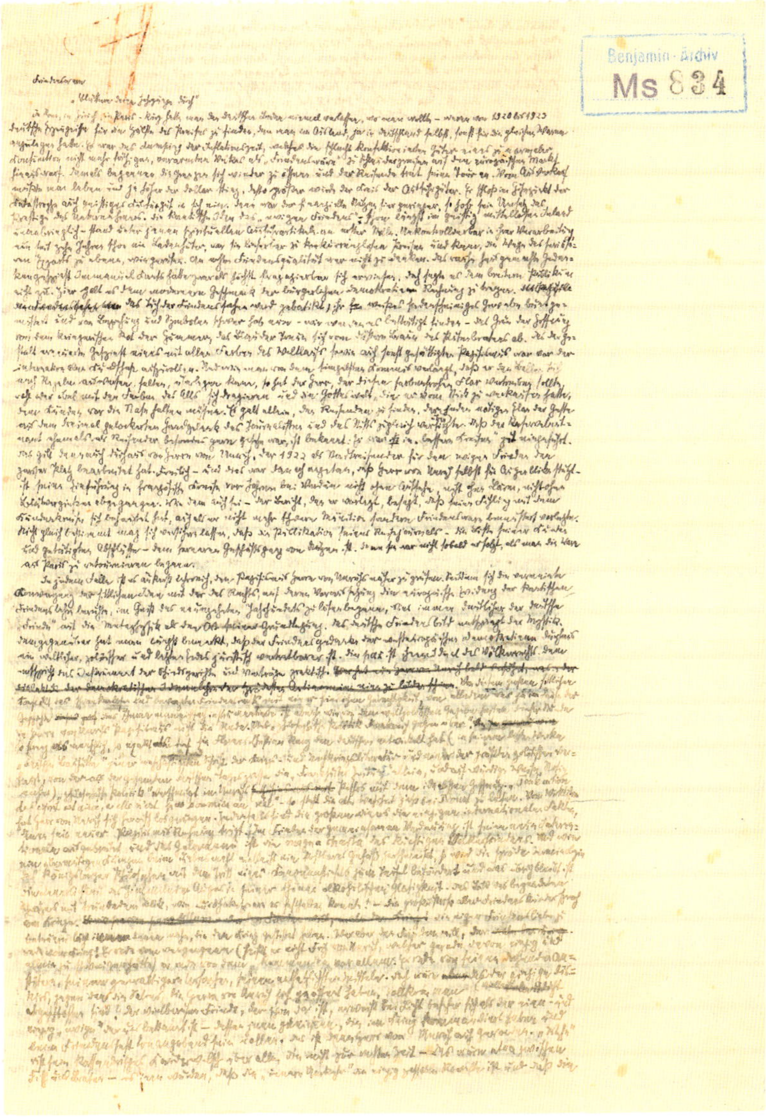

图 3.1　《和平商品》（1926 年）——对弗里茨·冯·汶鲁《尼克的翅膀》（1925 年）的评论

手稿 3 页，复制第 1 页（参见《本雅明文集》Ⅲ，第 23~25 页）

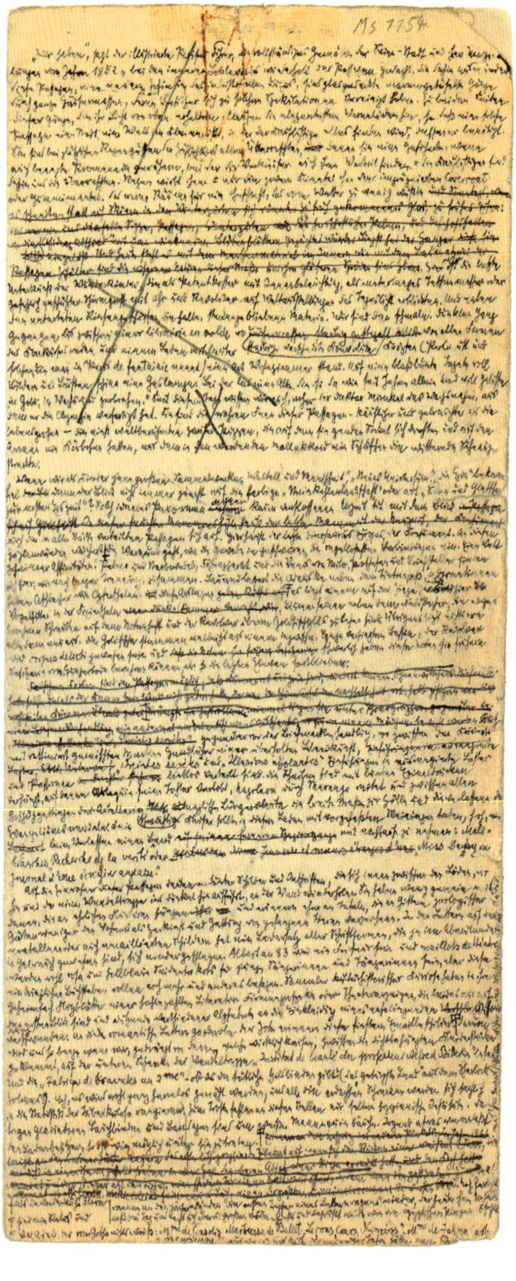

图 3.2 《巴黎拱廊街》（1928 年或 1929 年）草稿

在一张折页上，复制第 1 页（参见《本雅明文集》V-2，第 1044~1048 页）

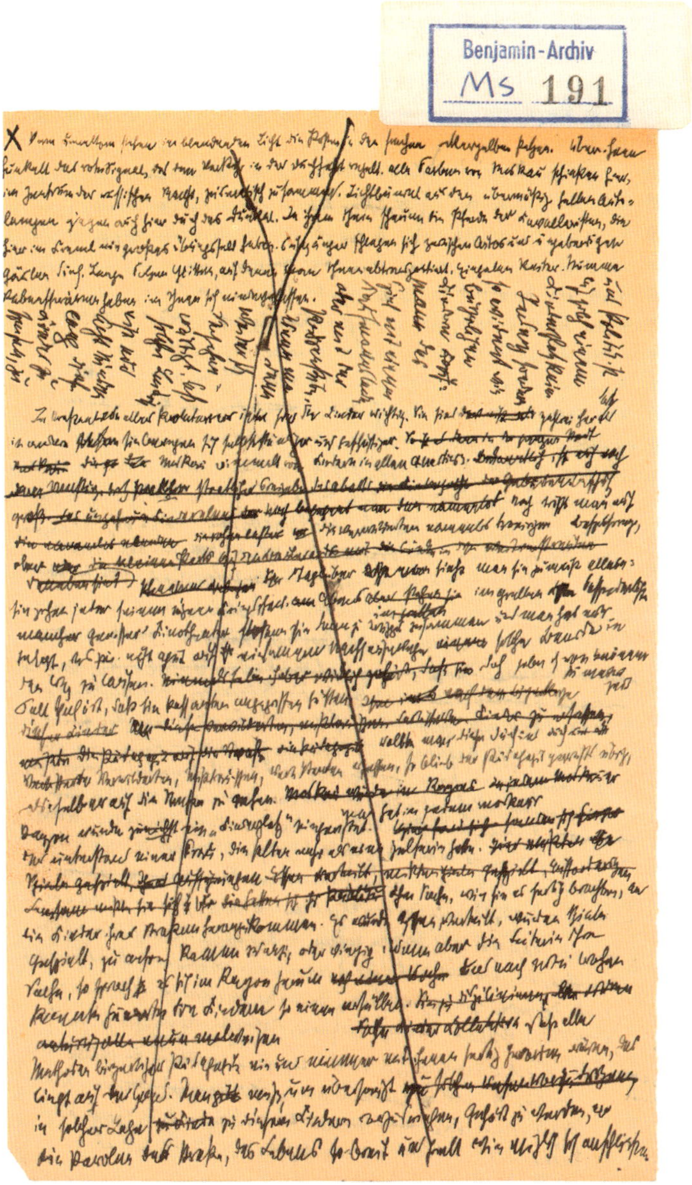

图 3.3　《莫斯科》草稿（大约写于 1927 年年初）

手稿 1 页

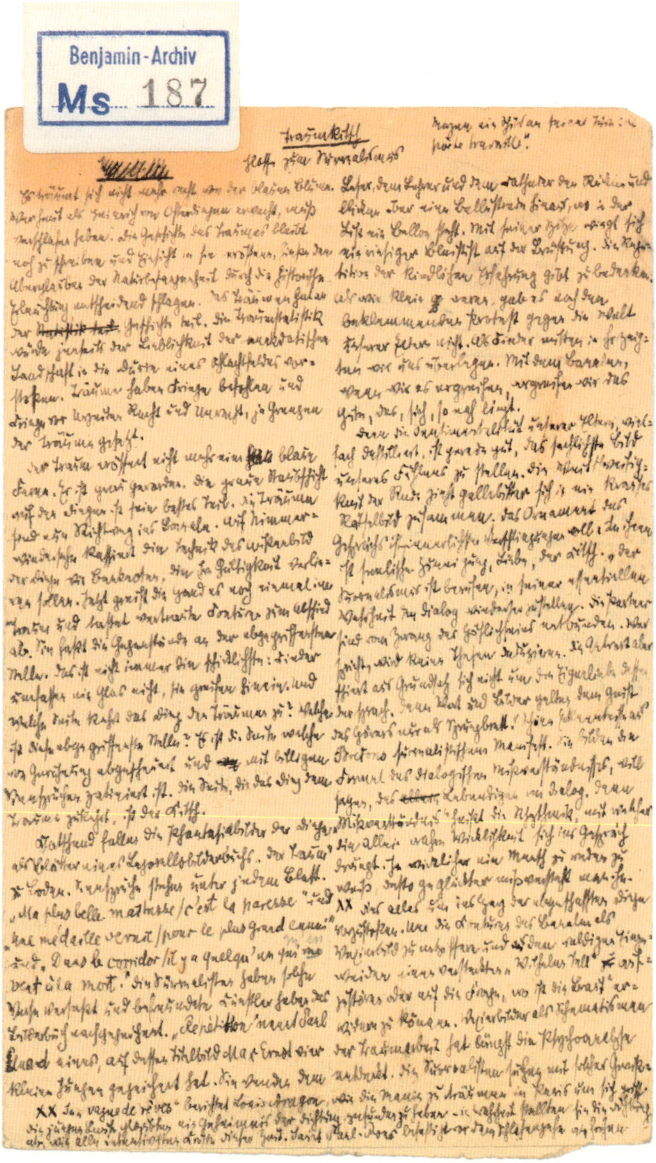

图 3.4 《梦的缠绵——对超现实主义的嘲讽》（1925 年前后）

手稿 2 页，复制第 1 页（参见《本雅明文集》Ⅱ-2，第 620 页及下页）

060

图 3.5　十四行诗，选自关于克里斯多夫·海因勒之死的 73 首十四行组诗
手稿 1 页（参见《本雅明文集》VII-1，第 56 页）

读物——他把关于微书法的伟大与意义的知识自信地记入微书写中。

　　本雅明偏爱那些"不引人注目的、微小的和因疏忽而失去的东西"（《本雅明文集》Ⅲ，第 115 页）。童年的经验和物的世界也像对它们的回忆那样，看起来次要的东西和题目的边注、讽刺杂文、论纲、小画像、谜语、报道和格言的短小形式——它们全都是些引人注目的形式，本雅明在其文章中一再将它们当作题目。在这些形式里本雅明的努力变成了现实，"在最短小的笔记里表现出了整体"（朔勒姆：《天使》，第 14 页）。他的小品美学深入每一个个体，它"自身承载着整体的缩影（小画像）"（《本雅明文集》Ⅲ，第 51 页）。只有"在分析小品的个别瞬间时"，人们才能"发现全部事件的结晶"。（《本雅明文集》Ⅴ-1，第 575 页）

　　1926 年 6 月 9 日，本雅明写信给尤拉·拉特－科恩说："你瞧，大约一周以来，我又回到了写小字的时期，经过长时间保持距离之后，我在这个时期的确总有一种又回到家里的感觉，我想劝说并邀请你到这个家里来。你承认这个小箱子适合居住，这样就没有任何东西阻拦公主住在这里面了。（你不是知道《新美露西娜》[1] 吗？）"（《本雅明书信集》Ⅲ，第 171 页）在歌德的童话《新美露西娜》[《威廉·迈斯特的漫游年代》（1829）里一篇用譬喻描述的小说]里，那个具有魔力的小箱子容纳着一个奇妙的正持续面临毁灭和消失危险的微型王国。正如歌德小说中充满神秘和易碎之物的无理要求包围着小箱子那样，本雅明的微书写手迹产生的影响也是神秘莫测而又脆弱的。他给读者直接进入所写的内容制造了困难，他所写的东西开始只是感官上的，通过文字图像的表现力变得可以知晓，经过辨认之后其内容才能展开，正如小箱子为小矮人公主

―――――――――――

[1]　《新美露西娜》这部童话讲述一个男人娶了小矮人公主又将其抛弃的故事。小矮人公主住在小箱子一样的房屋里。

保护自己而偷偷露出小巧形式的宝物那样。那种小巧的形式表现的是"缩小了十万倍的整个人类和人生的哑剧"（《本雅明文集》Ⅲ，第139页）。

乌尔苏拉·马克思　整理

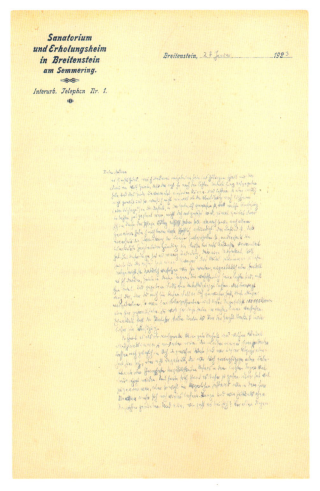

图 3.6　1923 年 1 月 27 日致弗洛伦斯·克里斯蒂安·郎克的信
手稿 2 页，复制第 1 页（参见《本雅明书信集》Ⅱ，第 309 页及下页）

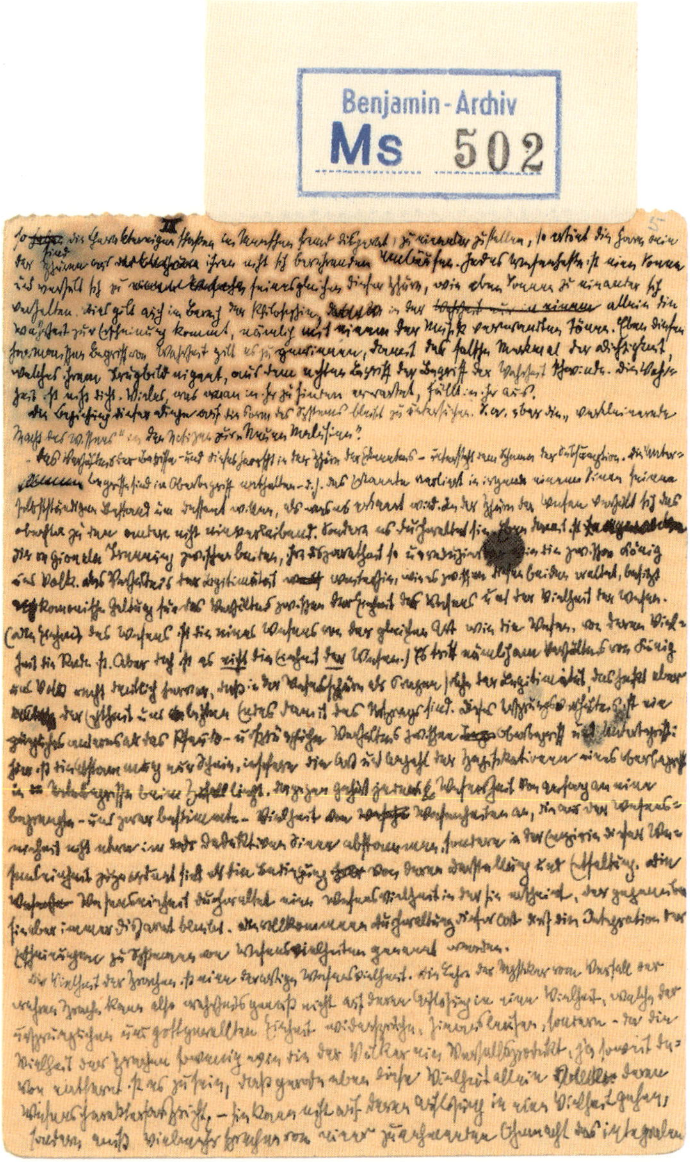

图 3.7 《语言与逻辑 II》（1921 年）
手稿 2 页，复制第 1 页（参见《本雅明文集》VI，第 23 页及下页）

物品品相
俄国玩具

　　他心中与所占有的东西，如书籍、艺术品或手工艺品，和常常表现为农民天性的关联是显而易见的。在我与他交往的全部时间里，也包括我在巴黎最后一次拜访他时，他都喜欢展示那些东西，他会亲自递到客人手里并观察它们，像一个钢琴家那样令人着迷……20世纪20年代，他在哲学观察中，还能向儿子展示并讲解儿童玩具。（朔勒姆：《友谊》，第51页及下页）

　　玩具是手工工具——不是艺术品。（本雅明手稿，编号604）

　　1927年2月23日，本雅明写信给西格弗里德·克拉考：“一组漂亮收藏品（产自俄国的玩具）的照片现在恰好被放在法兰克福您的面前。我把它们提供给《画报》。”（《本雅明书信集》Ⅲ，第233页）大约三年之后，一篇关于《俄国玩具》的“被压缩的文字”发表了——不是在那份报纸上，而是在《西南德意志电台报》上——正如本雅明在他的单据上所注明（图4.17）的那样，里面有“漂亮收藏品”中的六张照片插图，那些照片都保存在本雅明的遗物中。那篇文章和他的小小收藏的照片，越过了“俄国边界”（《本雅明文集》Ⅳ-2，第624页），使德国读者认识了那些玩具。它们提供了一种物质文化的样品，那是本雅明1926年12月至1927年1月在莫斯科逗留期间认识的物质世界。

插入图片改变了文字的现状，增加了一种交替效果。文字，可以理解为记录性的图片，与图片文字说明相得益彰，本雅明认为这对出版物来说很重要。他的遗物中保存的关于俄国玩具和照片文字的笔记（本雅明手稿，编号 602~607）多少证实了这一点。它们比压缩的文章（手稿遗失）更明确地处理了玩具世界的相面术观点。

在《西南德意志电台报》上的六张复制照片中，有四张在发表前被修饰过，这对比原件就可以看得出来。这四张照片通过使用一种覆盖模板进行的喷洒修饰，使对象显得更突出、更明显，而背景被淡化了。

本雅明在莫斯科逗留期间——他去苏联旅行，为的是再次见到他的女友阿丝雅·拉西斯（1891—1979）——曾经几次参观库斯塔尔尼（乡土艺术）博物馆，在这家博物馆的一个较大展厅里展出的主要是 19 世纪俄国玩具的收藏。本雅明为他特别感兴趣的展品拍了照片。此外，还有一本《杂志》，人们可以在博物馆小卖部里买到一些儿童玩具。《莫斯科日记》还报道了本雅明一次去塞尔格耶夫的远足，那是一个距离首都七十千米的玩具生产中心，本雅明在那里买了些玩具。他是一位行家里手，一位热情的收藏家。比方说，他在莫斯科买了一台装饰着花纹的小缝纫机（图 4.2）和苹果色的球状俄式铜茶炊（图 4.3），正如他在日记里所记录的那样（《本雅明文集》VI，第 368、353 页）。在他的档案里，他的彩色玩具收藏一件也没有保留下来，照片——遗物中的一小部分——也显得残缺不全。它们是消失的痕迹。

传统的俄国玩具——在他的文章结尾，本雅明这样写道——本身就具有一种残余的特征。那是一种消失的民间文化，也是一种被损害的农民家庭作坊生产的证明。本雅明明确地谈到俄国北方的泥塑：它们的材料"本身极易破碎"（《本雅明文集》IV-2，第 624 页），这与它们整个存在的易碎性相适应。这些颜色鲜明的泥塑玩具在收藏中得到拯救，在博物馆里"找到了避难所"（《本雅明文集》IV-2，第 625 页）。技术工业的发展使之变得不确定了，就像它在博物馆的柜子之外还能幸存多久那样。

本雅明的遗物中有三页纸，上面写着俄国人关于十一件玩具的答复，签字人尼（古拉·德米特罗维奇）·巴尔特拉姆（1873—1931/1934？）是莫斯科玩具博物馆馆长（图 4.13）。本雅明把这个记录放在前面，大概是因为他觉得照片背面的文字（极不平常：用拉丁文）。但那上面巴尔特拉姆的笔记"只有一小部分被译成德文"（《本雅明文集》IV-2，第 1051 页）。更丰富的俄国笔记中有相当大一部分涉及玩具，但在本雅明的遗物中没有照片。那些照片可能是博物馆的玩具照片，本雅明虽然订购了，但并没有收到。（《本雅明文集》VI，第 408 页）

图片上的文字是对物品的介绍，这就给物品提供了多种多样的索引——地区的、社会的和时代的：有产地（如"弗拉基米尔州"或者"维亚特卡玩偶"），有带政治性、社会性的时代标志（如"农民的作品""西伯利亚囚犯的作品"）以及玩具的年龄。艺术家或生产者的名字均未被提及。我们还可以找到关于物质性能和生产技术的说明，也有尺寸大小、是否能发出声响或噪声的文字，有一处注明了物品的颜色（可惜没有关于那张照片的描述）。至于用麦秸做的玩偶（图 4.8），本雅明想起了狂热拜物教的背景、具有类似物品曾经有过的魔力和宗教的作用。维亚特卡玩偶简单化的说明（图 4.4），马和骑马人融为一体——其中一个"马脖子和马头已经没有了"（《本雅明文集》II-2，第 436 页）——泄露了本雅明品相解释的目光。

他的遗物中有两张照片未加说明文字，这两张照片显示的是把玩具和书以及蜡烛堆成庄严的金字塔形状（图 4.14 和图 4.15）。为了拍摄背面，布局或者说整个桌子被旋转了 180°。我们看到了俄国的玩具，又认出了小鼓手和维亚特卡玩偶。本雅明很可能有这些玩具，正如他提到的有花纹的小缝纫机和俄式铜茶炊那样。

我们不太清楚的是拍这两张照片的理由。那是圣诞节在莫斯科吗？照片表现的是给阿丝雅·拉西斯1919年出生的女儿达佳的礼品桌吗？我们不得而知，也不知道那是不是史台凡·本雅明在父亲自莫斯科归来后得到的礼物。但是，人们可能知道别的礼物，即他两年前做的那件事情："昨天是光明节的第一天，史台凡得到了一节小铁路和小火车以及一副漂亮的印第安人铠甲，这是很久以来被投放到市场上的最漂亮的玩具之一：有着彩色的羽冠、斧头和锁链。因为有人在同一天偶然送给他一副黑人的面具，所以今天一早，我就看见他穿着一身华丽的装束，蹦蹦跳跳地向我走来。"（《本雅明文集》Ⅱ，第513页）

米夏埃尔·史华兹　整理

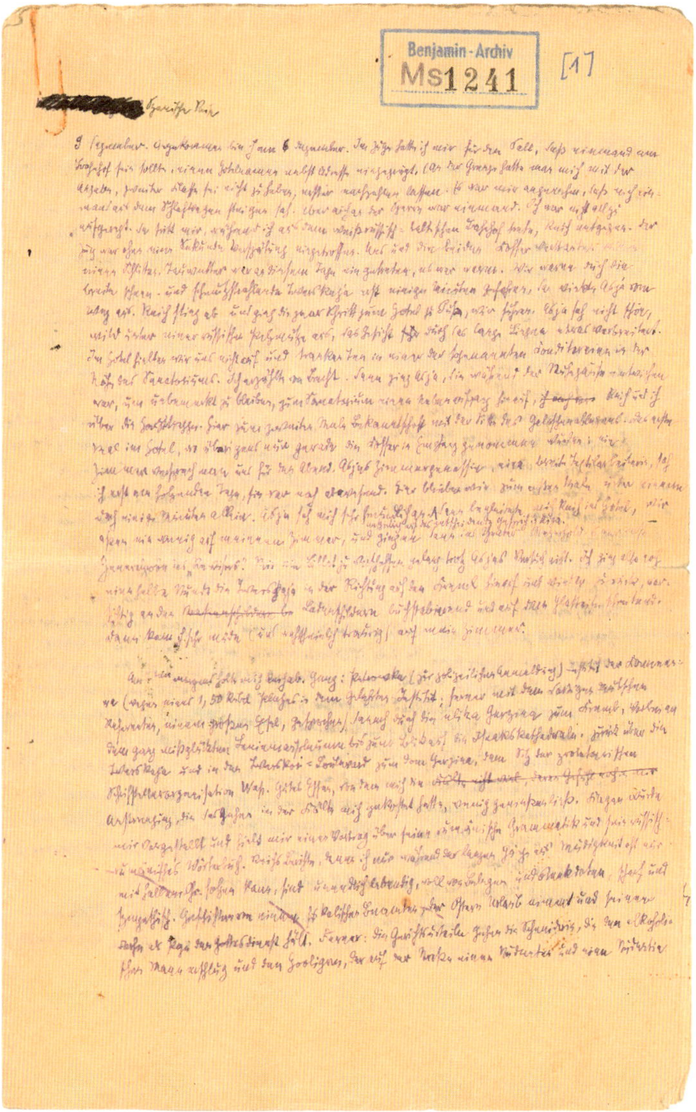

图 4.1　《莫斯科日记》（1926 年 12 月 9 日至 1927 年 2 月 1 日），本雅明把《莫斯科日记》的题目弄得辨认不清并改为《西班牙游记》

手稿，11 个对开双页和 6 个单页，复制第 1 页（参见《本雅明文集》VI，第 292 页及下页）

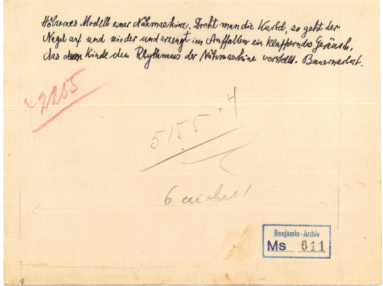

图 4.2　俄国玩具的照片，配有本雅明的文字说明
（参见《本雅明文集》IV-2，第 624 页）

图 4.3　俄国玩具的照片，配有本雅
明的文字说明
（参见《本雅明文集》Ⅳ-2，第 624 页）

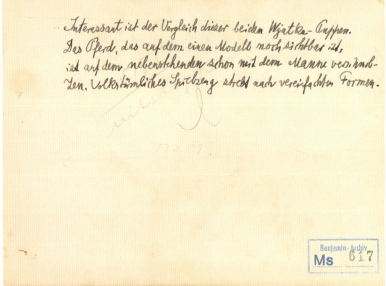

图 4.4　俄国玩具的照片，配有本雅明的文字说明
（参见《本雅明文集》Ⅳ-2，第 624 页）

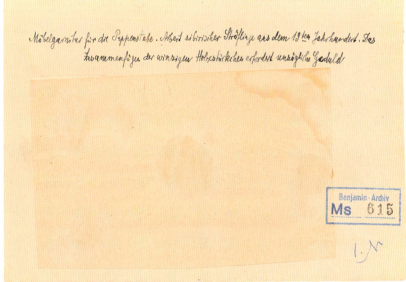

图 4.5　俄国玩具的照片，配有本雅明的文字说明
（参见《本雅明文集》Ⅳ-2，第 624 页）

图 4.6　俄国玩具的照片，配有本雅明
的文字说明

（参见《本雅明文集》Ⅳ-2，第 624 页）

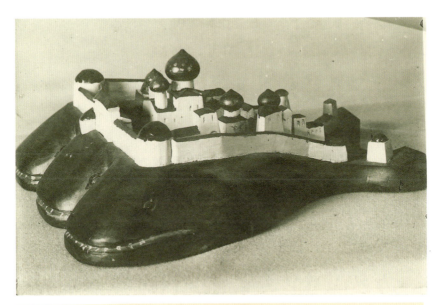

图 4.7 俄国玩具的照片，配有本雅明的文字说明
（参见《本雅明文集》IV-2，第 624 页）

图 4.8　俄国玩具的照片，配有本雅明的
文字说明
（参见《本雅明文集》IV-2，第 624 页）

图 4.9　俄国玩具的照片，配有本雅明的文字说明
（参见《本雅明文集》Ⅳ-2，第 624 页）

图 4.10　俄国玩具的照片，配有本雅明的文字说明
（参见《本雅明文集》IV-2，第 624 页）

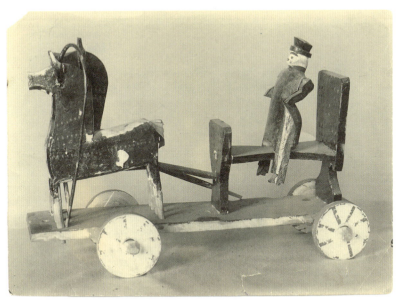

图 4.11　俄国玩具的照片，配有本雅明的文字说明
（参见《本雅明文集》Ⅳ-2，第 624 页）

图 4.12　俄国玩具的照片，配有本雅明的文字说明
（参见《本雅明文集》Ⅳ-2，第 624 页）

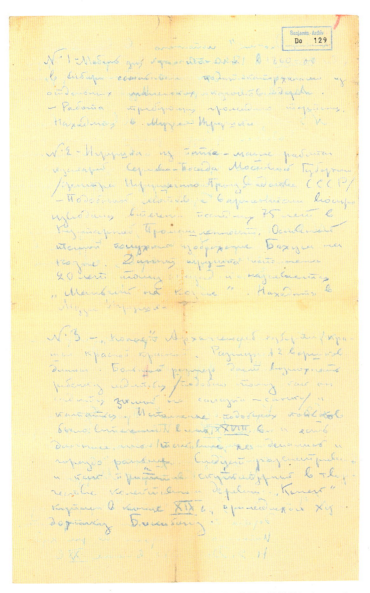

图 4.13　尼古拉·德米特罗维奇·巴尔特拉姆关于俄国玩具的笔记（1927 年 1 月 30 日）

手稿 3 页，复制第 1 页

图 4.14　俄国玩具桌照片（估计是 1926 年或 1927 年）

图 4.15　俄国玩具桌照片（估计是 1926 年或 1927 年）

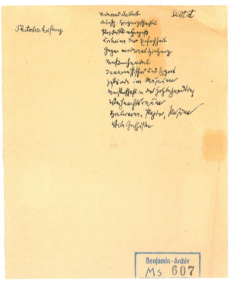

Modernes Ballast — Diktat
Debussy: Spielzeugschachtel
Photobeschriftung — Produktionsprozeß
Kriterien der Einfachheit
Gegen modernes Spielzeug
Straßenhandel
Innerrussisches und Export
Zustände im Museum
Meisterschaft in der Holzbehandlung
Weihnachtsbaum
Spielwaren, Papier, Parfüm
Viele Geschäfte

图 4.16 关于《俄国玩具》的笔记
手稿 1 页

［图下文字］

现代的压舱物	口授记录
德彪西：玩具盒	生产流程
简化的标准	反对现代的玩具
街头买卖	俄国国内贸易和出口
博物馆里的状况	木材加工冠军
圣诞树	玩具，纸张，香水
许多商店	

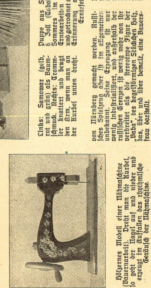

图 4.17 《俄国玩具》，本雅明在左边注明："《西南德意志电台合报》VI 2，1930 年 1 月 10 日被删节，见手稿。"1 页（参见《本雅明文集》VI-2，第 623~625 页）。

意见和想法

儿子的词汇和话语

在一首古老的儿童诗里出现过莱伦姑妈这个词。因为"姑妈"现在没有告诉我任何事情,所以这个造物对我来说就成了一个幽灵:姑妈莱伦。我觉得误解扭曲了世界,但方式是善意的;这种方式指示了通向其内部的多条途径。对于误解来说,任何障碍都是对的。

我在场的时候偶然谈过 Kupferstichen(铜版画)这个词。第二天,当我在椅子下面伸出头来时,我就变成了一个"Kopf-verstich"[1]。如果说我当时扭曲了自己和这个词,那我这样做是不得已的,只是为了在生活中立足。我及时学会了把自己裹进本来虚幻的词汇里。认识相似性的能力,无非是以前强迫留下的变得相似并保持的些许剩余。但话语会对我施加影响。把我变成类似文明榜样的东西,不是这样的话语,而是住宅、家具和衣服。(《本雅明文集》IV-1,第 260 页及下页)

本雅明连续数年(1918 年 4 月 11 日至 1927 年 2 月 6 日)跟踪并记录了儿子史台凡的游戏和话语。在一个小本子里,他收集了史台凡说过的话,那是一个保

---

[1] Kupferstichen 和 Kopfverstich 两个词的发音相似,含义却迥然不同。Kupfer(铜)变成了 Kopf(头),-stichen 变成了 -verstich。Kupferstichen 的意思是铜版画,Kopfverstich 不是一个正确的词。小孩因不理解铜版画这个词而将其扭曲。

存小孩子语言生活的小档案。多次标明日期的记录一直延续到 1932 年 3 月。它们大都是可以增补的，可以通过回忆记下不同的时间。后来有的标题注明"1921 年 11 月 27 日前的词汇"，这个标题下面可以发现一个记录孩子的滑稽语言形式（图 5.2）的词汇表。正如它们被保存在本雅明的遗物中那样，这些记录被置放在一首写于 1922 年 1 月 6 日的十四行诗上面。（《本雅明文集》Ⅱ，第 64 页）接下来是"为史台凡记录的早先的名字和诗句"，包括可爱的命名、昵称和孩子的假名。笔记满满地记录了被扭曲的词语构成和滑稽得令人意想不到的形式，其中还出现一个令人开心的字母本和幼儿百科全书片段，儿童的顺口溜和儿歌——这些都是年轻人家庭生活的节奏；孩子的俏皮话、提出的问题和发表的意见——那是儿子的口头语、惯用语和游戏礼仪的一个宝库，还有史台凡的姿势，他的对话、长短故事，简短的给父亲的书面通知和一篇短文。记录构成了一个欢乐的清单，这是一个正在成长的孩子说过的话语和生活场景的收藏。它们是儿童的语言幻想和早期学说话的证明。由此可见，这位父亲是怎样一位热心的观察者。

1926 年 1 月 14 日，本雅明在给格肖姆·朔勒姆的信中写道："关于我儿子的 opinions et pensées（意见和想法），他出生以后，我做了一个小账本，虽然这个小本本因为我常常不在家而不那么全面，但也确实记录了几十条'词汇和话语'。我打算把它们用打字机打下来，然后放在你那儿，这不多的几份样本中的一份就安全了。"（《本雅明文集》Ⅲ，第 109 页）如果本雅明谈论他儿子的 opinions et pensées，以为它们好像很有名气似的，那不免有些讽刺——看起来，带有讽刺模仿意味的书名引语颇有点像《莱辛的想法和意见》《米歇尔·蒙田[1]关于各种

---

[1]　米歇尔·蒙田（Michel de Montaigne, 1533—1592），欧洲文艺复兴后期法国人文主义思想家、散文家。

对象的想法和意见》《胜利的组织者，拉扎尔·卡诺[1]的生活、意见和想法》（*Vie，opinions et pensées de Lazare Carnot，l'organisateur de la victoire*）或者《意见和想法，从路易－拿破仑·波拿巴著作中摘录的格言》（*Opinions，pensées，maximes extraites des ouvrages de Louis-Napoléon Bonaparte*）。但本雅明并不认为"意见和想法"仅仅是讽刺。关于史台凡的笔记不仅记录了快乐的无聊，也记录了语言的稀奇古怪和游戏的异常现象。尽管如此，他的那些名言对于父亲来说肯定也很幽默，但本雅明对待它们是认真的。他要把这个小小的收藏存放在朔勒姆的档案里，他觉得这个收藏值得用打字机打出来。他觉得史台凡的意见是世界图像、思想和知识有说服力的证明——在本雅明的遗物中和朔勒姆的收藏中，我们都没有发现这份记录的打字稿，连本雅明注明记下备忘的那个小本本的封面也丢失了。保存在遗物中的只有从本子里撕下来的16页格纹纸单页，大多数单页的两面都写得满满的。

在19世纪，像泰纳[2]或者达尔文那样的学者在研究中都曾经记录过儿童的语言表达方式。20世纪系统研究这个问题的人让·皮亚杰[3]首先通过对自己三个儿子的观察获得了一个具有深远意义的儿童发育理论。当然，本雅明的片段记录具有另外的意义。他针对的不是一种语言习得[4]的记录，而是儿童的思维和说话的

---

[1] 拉扎尔·卡诺（1753—1823），法国数学家、工程师，法国大革命时期因动员大量人民参军而被称为"胜利的组织者"。

[2] 泰纳，亦译为依波利特·阿道尔夫·丹纳（Hippolyte Adolphe Taine，1828—1893），法国19世纪杰出的文学批评家、历史学家、艺术史家、文艺理论家、美学家。

[3] 让·皮亚杰（Jean Piaget，1896—1980），瑞士心理学家和哲学家，对生物学、哲学、心理学和逻辑学都有精湛的研究。自1921年起，他就从事儿童心理学的研究，目的在于探讨认识论问题。1955年后，任日内瓦"发生认识论国际研究中心"主任。日内瓦学派积累了大量有关儿童心理学的实验研究资料，先后出版了不少专著和论文，对现代儿童心理学有广泛影响。他第一个尝试将人文科学与社会科学区别开来。

[4] 语言学专有名词。

特别角度，即走错的弯路。这就是在语言中的自我迷失。本雅明紧紧抓住了儿童语言的扭曲。对他来说，发现语言的概念错误和误解，其意义不在于让它们被纠正。

在孩子那里，语言的扭曲是多种多样的。词汇被乔装打扮起来了——被曲解、被歪曲、被交换、被混淆了。"Afrika"变成了"Affika"，"Photograph"变成了"Gratophoph"，"Universität"变成了"Wursität"。词汇被收缩了。史台凡把"Universitätsbibliothek"说成"Unibilothek"。充满想象的词汇组合、混合仿效构词法出现了。如果有"Grausamkeiten"，一定也会有"Grünsamkeiten"。父母亲——朵拉·索菲和瓦尔特——也参加这种词汇的假面舞会，他们也被卷进这样的游戏中。这时候，偏爱文字游戏和颠倒词的本雅明显然感到了一种引人注目的共同发现的快乐。他一边听，一边捕捉孩子因为发音产生的误解，并记下史台凡使用的词中出现的令人惊异的变化。对他来说，语言表现为相似性和一致性的交织，孩子的话语里表现出一种没有限制的关系游戏。

当他在"莱伦姑妈"这个词中写下孩子语言世界的误解和扭曲时，出现在本雅明眼前的不仅是对自己童年的回忆，而且可能也有自己孩子的例子。1932年本雅明写出《1900年前后柏林的童年》这部作品，最后一次关于史台凡的记录也是在那一年。与莱伦姑妈相关联的是1933年年初的论文《相似性理论》，本雅明在那篇论文中把对语言理论的思考和一种假装能力理论联系起来。这篇论文（和后来的稿本《论假装能力》）与关于他儿子的记录不无关系。本雅明把孩子的游戏解释为假装行为的训练，并且草拟了一个观察语言的计划，这种观察不会把语言降低为仪器来使用。语言并不在其符号的意义和通知功能里产生。更确切地说，语言（和文字）应该被看作假装能力的运用，"一个非感性的类似和非感性的一致性档案"（《本雅明文集》II-1，第208页）。

本雅明这样观察孩子的日常说话和行为并做了"一小本流水账"，对他来说，这往往是他和孩子一起玩耍的令人捉摸不透的原因。家里的小保姆格蕾特·莱拜因亲口向父母亲报告的那幕场景就是个例子：

"我们不在家的时候——这事儿已经过去好多天了，当时，我因为一件工作悄悄地把自己关在屋子里——他（史台凡）和格蕾特在厨房里。他说：'格蕾特，要安静。现在他在工作。一定要安静。'说完他就顺着黑暗的楼梯上楼了，他打开两道门，走进自己黑乎乎的房间。过了半天，格蕾特去看他在干什么，她看见他静静地站在黑暗中。他说：'格蕾特，不要打扰他。他必须工作。'"

本雅明在自己的本子里补记了这幕场景，他提出一个重要观点，认为这幕场景典型地表现出儿童的积极性。史台凡扮演的是不在场的父亲。他把自己和父亲等同起来，在格蕾特面前，他表现为一个要做事的成年人。他就是不在场的父亲，他要工作，不可以被打扰。静静地站在黑暗中时，史台凡的精神在工作。事实上，这个游戏表现的也是工作，其背后是一种朦胧的必要性。因为史台凡一定领悟了什么：他曾经被父亲逼着放弃。这就提供了他现在做的工作：被动的震惊转到独立行动的那一幕。爬上楼梯后，史台凡上升为成年人，他开始扮演父亲的角色。相反，跟踪而来的格蕾特则进入孩子的角色。关于孩子的游戏（以及孩子与工作的关系），本雅明在各种不同的文字中都写过。那些文字包含了对各种事物的观察，尤其是对家庭的日常生活、家庭的相互影响和好像偶然落到手中的儿子这个例子的观察。

米夏埃尔·史华兹　整理

图 5.1　史台凡和朵拉·索菲·本雅明的照片（1921 年 2 月）

［手稿1269］

　　1922 年 1 月 6 日

客人叫什么，他是否也使女主人的家

受到损害并使她感到痛苦？

虽然如此，门儿仍为他打开

像风儿轻轻吹开那样敏捷？

他的名字叫吵闹，吵闹又回来了

女主人已擦好桌子扫好房间

她心里感到自己像三个仆役

现在唯一忠诚的只有：睡眠、眼泪和孩子

剑光闪闪的光束，每天

都刺痛着清醒者的旧伤疤

她摇着晃着哄他入睡

她感到泪泉早已枯竭

在家里求的只是孩子的微笑

他的礼貌、希望和能力。

［手稿1270 正面］

　　早先的名字和为史台凡写的诗句

　　史台凡茨　史台凡才利希　家狮（在伯尔尼，每当他洗完澡趴在桌子上的时候）杜姆

先生 沙茨先生（一个我曾那样称呼的木偶）

沃琪　沃琪

史挠琪　史挠琪

一只脚叫菲乐福斯（菲利普·福斯），另一只脚叫弗朗茨·福斯

当他被包着送进房间的时候，他叫肯德尔吾尔斯特

斯努尔，斯努伦，采佩尔（？），史挠策，史努克。很早在瑞士的时候也叫：布什，布少尼里

北萨利（？）　好玩偶 / 现在在妈妈身边跳舞

现在好史努克跳舞了 / 因为妈妈还在这儿

德厄肯德（瑞士时期）

　　他的最诱人的游戏，是在很早以前，大约在他一岁的时候，我们在他身边观察到的——我们只看见过一次——他坐在自己的小玩具桌边抓住一只小狗的尾巴：他从自己的小沙发椅上弯着腰，先用左手，然后用右手，握住狗尾巴在空中摇晃三下，这样一来，小狗的头就紧贴在地面上了。当时，最好玩的是看他怎样努力把狗尾巴从左手送到右手。

　　他说出的第一个有意义的词是"安静"。同时他把一个手指高高地举起来，就像朵拉每次对他说"安静"时所做的手势那样。

　　有很长一段时间，他在夜里会从睡梦中被抱起来把尿，这时候他还不完（？）清醒，竟十分明显地出现大白天才有的那种心灵感应现象；他会对朵拉或者格蕾特说一些刚刚想到的事情，有时……会添加一些在童话里（大概是在《狼和七只小山羊》里）不熟悉的表情，最小的那个藏在钟表里。夜里不再把他撒尿之后，这种现象就停止了。

　　有一个时期，他想每天改叫一个新的名字或者叫某一个固定的名字：小男孩或者咪咪，

或者叫施台菲（或者叫英格丽特）、拉法埃拉、玛米等。

[手稿 1270 反面]

　　在很短一段时间里，他的面部表情会模仿没有生命的对象，如一个梨子，模仿的时候他会躺在地上打滚。

[手稿 1271 正面]（图 5.2）

1921 年 11 月 27 日之前的词汇 [1]

石林根（石普林根）	史托付莱因
台台台企恩（美地企恩）	孩子的学校（幼儿园）
莱什（弗莱什）	贝尔布吕克大街（德尔布吕克大街）
西坡－苏坡（？）（布赫石塔波）	奥于里希（丑陋、凶恶；来自格劳于里希，
文则普其西（塞克斯温特泽普其西）	也可能是奥于勒的谐音）
一条铁路	乌尔西太特（乌尼菲尔西太特）
一个写（铅笔）	吐（？）（努德尔，面条里的肉，很早时）
一个咪咪（一个小姑娘）	才尔（代替"艾俄才勒"，讲的意思，开
董克尔叔叔（瓦尔特）	始不会说讲什么）
巴里泡道特（蓝莓）	飞石巴巴（指香蕉，在瑞士时）
一个声音［塔（？），火车头的烟囱］	白（很早，指巴尔，球）
比尔特石湾（维尔特石湾，野猪的意思。	弹茨图波［"一个弹茨图坡"，门槛（？）？
当我画上一头野猪时）	有时指跳舞的小人。（圆舞？？）]

---

[1]　这张表是图 5.2 手稿中的文字，本雅明记录了他儿子史台凡牙牙学语时说出的词汇。这些词汇不是将音节缩短，就是将音节扭曲或颠倒。表中括号外是史台凡说过的词汇，括号内是正确的发音或含义。

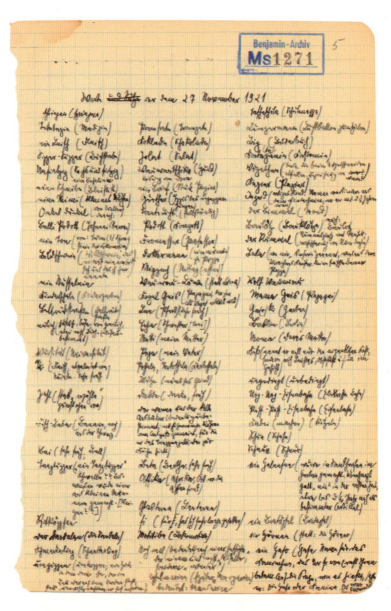

图 5.2　关于史台凡・本雅明的笔记（大约 1919—1932 年）
手稿 16 张纸（31 页），复制第 5 页："1921 年 11 月 27 日前的词汇"

小红帽

单打愣（赞打愣）

史麦克令（史麦特令）

乌姆皮盆（乌姆克盆，一个游戏，朵拉和
　他一起玩的游戏，在床上或者地上站着，
　他歪倒，站起来，再重复）

帕姆斯莱特（特劳木佩特）

口拉得（手口拉得）

嚓拉特（？）（萨拉特）

汪汪矢口（混特）

朵拉的教育

一封信（一张纸片）

滚特（没教养的男孩）

里希特姑妈（独立的）

泡道特（康姆泡特）

福楼买塞（普罗费叟）

博士男（一个男性木偶）

马嘎喝［中午（饭）］

汪汪洛夫（指狮子）

口格尔盖斯（鹦鹉，他解释为鸟）

莱恩（？）（指马，很早）

爱霞［妹妹，（托尼）］

母体（我的妈妈）

怕怕（我的父亲）

泡菲尔，塔托菲尔（土豆）

米策（男孩的生殖器）

打得（当克，谢谢，很早时）

热的和冷的烤烤（意思不确定，可能指他
　去厨房时扶着的铸铁管）

贝塔（贝尔塔，很早时）

阿飞卡（阿富利卡，猴子所在的地方）

格拉斯台尔那（蜡台儿那）

非（幅尔，这样说了很长时间）

毛体体北（楼口莫替费）

重来（不是指再讲一遍，而是指继续）

苹果酱（后来说人造黄油，指橘子）

塔舍舒乐（舒尔马坡）

鲁珀尔曼（鲁夫特八龙促木石皮冷）

布克（比尔得布赫）

卡塔塔嚓尼（卡斯塔尼）

小鸟（剪指甲时掉落的部分）

谁的画

卡皮尔（帕皮尔）

英格丽特（听话的孩子，幼儿园的一个孩
　子，两岁半时）

比莫尔（月亮）

包罗茨（包克罗茨）　也说包老茨

鲁莫尔（鲁莫尔音乐广场，可能来自“鲁

姆得累因"这个地名）

拉拉（我称呼"皇后"，因为我从皇帝百
　　货大楼出来，在那儿买了他最早的玩偶）

汪汪狼

盖斯妈妈（鹦鹉）

噶（尔）给（嘎尔滕）

巴林（？）（柏林）

莫马（朵拉的母亲）

吻（他不仅这样称呼本义上的吻，也把脸
　　上潮湿的果酱之类统叫吻）

温格定特（温波定特）

温克－温克铁路（电动火车）

普夫－普夫铁路（蒸汽火车）

卡柏（？）马亨（挠痒）

硕（数哦——鞋子）

湿奴恩（施努尔——绳子）

布拉特俄普费尔（煎苹果）

一个哈棱泽（曾经在那个公园里堆过沙丘，
　　开始他总是带一个"不定冠词"，三岁
　　半的时候也用定冠词）

一只黑搜（兔子的名称，他这样称呼恩斯
　　特·舒恩送给他的一只家兔。问：它叫
　　什么？他说：一只黑搜或者卡宁。它是
　　活的）

［手稿1271反面］

1921年12月以来的词汇

泽乐普坡

皮坡米策（他听人说，可能指皮普毛茨）

于贝特来风／温特特来风（超越／低于，
　　被当作可以吃的东西）

面包肉（指抹在小面包或面包片上的黄油）

贝唉那（海因那）

拉登（车轮的复数：莱德尔）

克林达（菲兰达）

克罗克蒂尔（鳄鱼）汤［蒂尔（小茴香）
　　做的汤。不是玩笑！］

面包肉（卷心菜、面包渣和黄油）

乌尼比不里欧特克（大学图书馆）

健忘的（不容易记住的东西）

赖斯阿德勒（莱希斯阿德勒）

泽尔维斯塔克（泽尔维斯特尔）

格拉投否夫（否投格拉夫：旧）

米提拉尔瓦色（米内拉尔瓦色）

诺伊恩里希（诺伊里希）

拉达蒂尔（拉蒂尔古米）

施特拉尔西霍尔茨（早先：史特莱歇霍

尔茨）

曼逗斯科维可（也许是马努斯克里普特？即手稿）（他要求听一个那里面的故事，大概朵拉曾经讲过）

斯坦达尔（斯堪达尔）

歌唱家（一个能发出嗡嗡声的陀螺）

弄皱了的面包（小面包）

土耳其石湾茨帕克（土耳其善茨帕克）

马尔噶劳滕（卡劳滕）

莱根麦泽西（莱格尔麦泽西）

托玛尔滕（托马滕）

促尼克郎科黑特（尼伦克郎科黑特）

尼亚齐藤（1923 年 12 月）

凯尔德尔（沃尔夫·海因勒的名字——在伯尔尼时）

措夫（曹福，1925 年 6 月）

赫斯托尼泽伦（1928 年 1 月）

霍森莱德尔（莱德尔霍森）

阿普泽西特（他理解的靴子的后跟）

保麦森纳尔（保迈斯特尔，看门的人叫麦森纳尔，他曾修理过什么）

快狗（他有时候这样自称，是模仿"快车"的构词）

格拉他发飞轮（佛托格拉飞轮）

拉格扑腾（埃及扑腾）

拉来乐（莱乐尔）

石伟尔灵格（石伟尔特里尼）

复活节蛋金龟子（指一个金龟子玩偶）

乌尔泽太特（后来又叫乌尼乌尔泽太特）

麦娄摩的（麦娄地，1923 年 2 月）

沙拉米尔－沙拉米尔白比（小蝾螈——沙拉曼德尔白比）

巴塔内米－巴特利（1924 年年底）

否尔拉克伦－安德尔塔菲尔

否尔施莱本·冯·里德恩（1925 年 2 月）

促木·石牌西皮儿（例如）

［手稿 1272 正面］

惯用语

男人们必须工作

鱼儿唱什么歌？（在看贝尔图赫 [1] 的作品时）

---

[1]　贝尔图赫 (Friedrich Johann Justin Bertuch, 1747—1822)，德国儿童文学作家、画家、出版家和资助人，代表作《为孩子们画的图画书》。

皮克姑妈在 treimt［好像他把"träumen"（做梦）和"treiben"（做事）混在一起了］

高大的满身斑点的妈咪（模仿《高大的满身斑点的老虎》）

他说什么？（在看贝尔图赫的画册的时候）

早上好——小咪咪——妈咪（很快，这句惯用语是他躺在床上说晚安的时候脱口而出的）

倒下［这是一个游戏，当他和朵拉一起躺在床上时，朵拉（？）说："沙茨先生，您是不是想站起来？"然后，当他要站起来的时候又立刻"倒下"］

五十马克一克朗（价格符号，可能与"贵"的想象有关联）

十三（价格符号，可能与"不贵"的想象有关联）

"好米勒"与"坏米勒"［根据一首歌《这一定是坏米勒干的》被写在一张（？）纸（？）上，常常有一只鸟被看作坏米勒，其余的都被看作好米勒］

木马叫施台菲，然后开心地叫克拉拉姑妈、吴老克斯姑妈（？），后来又叫贝尔塔

菲俄里路　科纳帕迪鲁（最初可能是叫木偶"沙茨先生"的帽子，朵拉这样说过，因此给他留下了深刻印象。虽然史台凡相信这两个词真的是一起听到的，正如其他词汇出现的时候那样，但在游戏中它们确实被当作笑话）

昨天总是他上一次睡觉之前的时间，即使是睡了一个午觉。即使提醒他那是上午的事儿，他仍然这样理解"昨天"这个词。

抓故事。他在朵拉的怀里寻找着，然后抓住一个"东西"，放进嘴里。他必须吞下去，然后讲一个故事。这种玩法有很多变化。

安纳尔斯乌木，这样不行（凡是遇到技巧上的困难时就这样说）

他能帮助（被说成：黑尔分卡纳）（类似的还有：他能吃，他可以写）

伊斯　道赫　尼西　促　克利拉（这种表达方式用了很长时间，表示很快活，模仿"伊斯道赫　尼西特　促　格劳本——'这是难以置信的'"句型）

不木　比斯　艾尔，不巴不木，维　不木（也说促　不木），每当他开始哭的时候就这样说，

意思是愚蠢（发音应是：度木），可怕的愚蠢，太愚蠢。

放开他，埃米尔（模仿我母亲说话的语气，每当我父亲禁止他做什么的时候，他就单独站在我父母面前这样说）

太滑稽（常常忍不住笑起来的时候）

对吗？（为了被表扬）也对自己说：完全正确

爸爸高兴

健康的和有病的男人（大概是最早被我们发明的词语，指纽伦堡的小人，有完整的，有分成两半的）

在《所有的鸟儿都到了》里面，规则如下：汉泽尔（？），鹩，燕雀和史塔克

祝你（？）福楼萨斯呀尔或者福吕格尔呀尔，后来总是加上说明"吉德翁总是说：快乐"。

[手稿 1272 反面]

他有一个问自己的特殊方式，有很多例子，这是其中之一：在观察安装暖气片的时候，他会问，现在(也就是在螺丝的某一个位置)是热的吗？"是的。"那么另一个地方是冷的吗？"是的，如果向别的方向转动就是冷的。"但如果这样，就是热的吗？（这个例子是虚构的，并没有真正发生。不过他的问题总是回到原点）

没有，佣人，再见。这是他在离开房间时的口头语，直到1921年年底一直经常使用（可尼克斯，佣人，再见）

如果两个灯都亮起来，迈斯特先生会骂的（这涉及电灯，不可以浪费电）

今天总是最可爱（类似的结构经常出现），我整天都一直最喜欢这个。

今天我做了个梦，爸爸是一个……[总是变成不同的东西，但填充的始终都是没有生命的东西：一幅画，一支笔，一本书，一个苹果。可能是根据俄狄浦斯情结想到的，作为对父亲的排斥（？）。这是对问他"今天又做了什么梦？"的回答]

希望阿尔提斯（很老。我的母亲经常对他说：我希望你听话）

"我看，我就住在这儿。——我看，这就是我的家"（在回到家门口的时候）

如果我觉得"五十马克""太贵"，那我们最后总是以"八十马克"成交吗？

他四岁时得到的新玩偶有一个名字叫"（格莱特·）科尔坡"

在讲某些用"从前有两个孩子"这句话开头的故事时，他总是立刻提问："一个孩子叫什么？"接着又问："另一个孩子叫什么？"

睡觉时，他一躺下就会说：奥夫维亚萨哈——一个小咪咪，妈咪（妈咪在这儿）——晚安——好几千个晚安——明天我们起来很美丽。

大巨人、中巨人和很小很小的巨人——这三个人就是史台凡、爸爸和妈妈

后来睡觉时的口头语变成了：我应该梦见什么呢？（接着会继续说：罗特先生？中国人？还是格莱特？等等）

他曾首先把斯科特先生虚构成一只公狗，而他自己是一个火车司机，泽波莱希是一个泥瓦工，茂德先生是一个招待员（读成"凯乐"，意思成了"地下室"，应读为"凯尔纳"）。最后这位先生死于重病。他比其他所有人都更老。他多大年纪呢？一百岁。此外，大概还有一两个人物，他们共同的语言是"罗格语"。例如，他们说"晚安"不叫"古特那赫特"而叫"古特嫩（？）"。这是对米达（？）先生的补充。问他的职业是什么，回答是"他只挣钱"。

[手稿 1273 正面]

1921 年 11 月 27 日之前的句子

他得到郎克赠的一幅画，画上有一个圣人站在其他人中间，他把那个圣人称为船怪。

史台凡淘气之后，会被单独关在一间屋子里并哭泣。当朵拉过了一会儿去他的房间里时，他说："在这整个时间里，我都在一个人擦鼻涕抹眼泪。"

当朵拉给他讲一个小咪咪（或者小孩子）的故事时说："这时候她来到一座花园，那

儿有很多巴里·泡道特，她在那儿找到一个大朋友。"史台凡会说："不，一个小朋友。"

史台凡曾得到一个礼物，是出门时围的花棉围脖。当我在门口碰见他要出去的时候，我把围脖拿过来围在脖子上。这时他大声喊道："这围脖不给爸爸。史台凡需要它。天很冷。"

他恳求朵拉画一条铁路。朵拉说，他应该自己画。然后他说（远远地站着，同时期待他的话产生影响）："但是他没有时间——他也没有地方——他也不知道怎么画。"

玩笑：格蕾特先生（格蕾特是他的保姆）

我们不在家的时候——这事儿已经过去好多天了，当时，我因为一件工作悄悄地把自己关在屋子里——他（史台凡）和格蕾特在厨房里。他说："格蕾特，要安静。现在他在工作。一定要安静。"说完他就顺着黑暗的楼梯上楼了，他打开两道门，走进自己黑乎乎的房间。过了半天，格蕾特去看他在干什么，她看见他静静地站在黑暗中。他说："格蕾特，不要打扰他。他必须工作。"

朵拉接待了一位年轻女士，第二天，好像有人问他关于那位客人的情况似的，虽然那位客人给了他礼物，他仍然说："那位阿姨脏。应该来一个漂亮的（？）。"

在一个陌生的公园里，当他和我母亲在一起时，他对那些大声喊"妈妈"的孩子们说："啊，孩子们，你们在想什么，史台飞就在母亲身边。"

狮子在狂吠——吼

［手稿 1273 反面］

在电车站，一位先生询问格蕾特去动物园的路，史台凡说，听说"动物园里有很多猴子"。

早晨吃早点时，他说：爸爸——你真没有教养——（过了一会儿）你有五芬尼硬币吗。

朵拉在贝尔图赫的书里指着有草莓的一页。史台凡像平时一样问："它可以吃吗，嗯？"朵拉："可以"。史台凡："小史台飞应该吃它。"朵拉："你就是小史台飞。"史台凡："不，小史台飞在书里（指着书里的空白处），他应该来吃它。"

在强烈的黄色雷雨照明灯旁边，一束阳光照在路上。史台凡说：太阳在抚摸地。

他应该得到热点儿的牛奶，因为他咳嗽。他喝了第一口之后不喝了，他说："舌头不愿意喝。"然后他又说："舌头又不咳嗽。"

朵拉在布莱滕施泰因市时，告诉他说："我在海德堡。""那是有红书的地方吗？——那是鱼待的地方吗？"

自从我不让他进入我的房间以后，他就对格蕾特说："爸爸不让我进他的房间，这个爸爸。"

"像我按了铃那样，一只小狗进来了。像我今天一起床就哭的时候那样，也是一只小狗进来了。不过现在没有人来。现在我听话。"

当我进入他的房间，要求他安静然后又离开的时候，他大声说："这只鸟（或者这头熊）总是进入我的房间。鸟不能到这儿来。这是我的房间。整个房间都变臭了。整个房间都变臭了。我也不可以被打扰，我也要工作。"

我的父亲有时候使用"Wildschwein"（野猪）这个词。然后，史台凡会说：在我们那儿，我们总是说 Bildschwein（画猪）。

朵拉：你根本不爱米娅阿姨（幼儿园的女老师）。可是她那么好。你为什么不爱她呢？史台凡：我不爱她，因为我不喜欢去幼儿园。

我给他朗读《七只乌鸦》（"sieben Raben"）的故事之后，他称之为"lieben Raben"（亲爱的乌鸦）的童话。

［手稿 1274 正面］

字母名称

B　叫　本雅明

R　　　本雅明伸开两条腿

P　　　本雅明一条腿站着

M　　　妈咪

S　　　史台凡

A［圆体字］　A［德国印刷体］

一连几天（1921 年 11 月），他都有这样一些怪念头，模仿物体的样子，模仿钟表的敲击，模仿梨子，同时他也会在地上一起打滚。

从克拉拉姑妈处回来的路上，他和朵拉及另一位朋友在一起，他表示非常惋惜："可怜的史台飞。现在史台飞不得不走路，天都黑了，而且小铃铛已经挂在天上，可怜的史台飞，还不得不走路。"

很久长一段时间，他一个人在我父母亲那里，有一天中午，他说他不想要一马克硬币，只想要 Leisch[1]（？）。

朵拉给他唱歌："阿拉……木口代亚……清……清……柴呀。"他（常常）跟着唱："阿拉……那可代亚……"

浓缩的牛奶他称之为"白色的果酱"。

他把"土豆"称为自己的踝骨并表示可以拿来吃。

［手稿 1274 反面］

后来的句子和游戏

　　1922 年 1 月

如果叔叔把烟与火给姑妈们，姑妈们也会抽烟。

我：（之前被问到一个问题，即为什么我不写字，回答）因为我现在在和你谈话。史台凡：人们也可以和小孩子谈话，但我已经有点儿大了。

他站立了较长时间之后，坐到一个小板凳上；除了其他解释的话之外，最后他说：难

---

[1]　估计他想吃肉，因为"肉"的德文是 Fleisch，大概他的发音还不能将 F 和 l 连起来发出。

道我应该累坏吗?

我曾经说过,你们怎么笑得那么大声,我的整个耳朵充满了笑声,我都被你们笑得头疼了。

在观赏金龟子的图片时,他对朵拉说:这些金龟子里面也是巧克力吗?当朵拉说"不是"的时候他又问:那它们爬的秆儿是巧克力做的吗?

对于某个扔掉的东西到哪儿去了这个问题,我的父亲有一次回答道:飞到太空去了。过了一会儿,烟灰在烟灰缸里消失了,他问道:你把烟灰弄到太空去了吗?/从那以后,他就把烟灰缸叫"太空",可是第二天又叫它"毛毛虫的皮"。

有时候,他和我一起谈论关于贝尔图赫的画书:你到底从哪儿买的这些书,爸爸?"在伯尔尼。""在哪里的伯尔尼,海德堡的吗?你曾经在那儿丢靠垫的地方吗?"(我在那儿丢了一个靠垫,但我们大概有几个月没有谈到这件事了)

妈妈对他说:告诉豆豆姑妈,她的脸色看起来绿得可怕。他:豆豆姑妈,你的脸色绿得可怕,妈妈的脸色也绿得可怕。妈妈:那你的脸色呢?史台凡:我的脸色红得可怕。

拉法埃尔·听话和拉法埃尔·淘气以及拉法埃尔·大肚子的故事。

一次散步的时候,他碰到我父亲,他只是看着他,却没有问候。后来,我们责问他为什么不问候爷爷。他说:我得散步啊。

我发现了一件很奇怪的事情。当朵拉去英国的时候,就是她走后的第二天,我对他说,妈咪将给你带来非常美丽的东西。然后他说:一个8字形面包圈吗?我说:不是,还有更美的东西。他:一个苹果吗?我:不是,还有更多更美的东西。他:一块大积木吗?——想象力似乎被极其迫切的期待降低了,且越来越低,想象力感到绝望了,似乎再也说不出更有价值的东西了。

[手稿 1275 正面]

朵拉说,她(从伦敦)带来一根香蕉,说他还可以说出一个愿望。他想了半天说:"再要一根香蕉,这样就有两根香蕉了。"然后朵拉说:你有两根香蕉了,还可以说出一个愿望。

"那么，如果我再生病的话，我们也许可以为明年买一两个橘子。"

朵拉从伦敦带回来一个菠萝，他称之为带刺的大草莓。

那儿的雪足够多吗？

1922 年 2 月

我母亲带来佛拉梅里（Flammerie，果冻）。后来，他对朵拉说：穆蒂给我带来了佛拉莫·玛丽（Flamme Marie，火焰·玛丽），它为什么姓玛丽？

唱：外面有两只绵羊

父亲去放羊

母亲摇着这棵小树

树上掉下一个梦

如果孩子不听话

黑绵羊会跑来咬他。（逐字引述）

在一篇童话里，国王去打猎。我问史台凡是否知道什么是国王。他说："当他打猎的时候，他会打一只狗。他在那儿用鞭子打那只狗。"

"如果他放唱片给我听，汉斯·米勒（坏孩子的典型）会说什么？"

史台凡走进房间时，朵拉刚停止哭泣。他看见她脸上有眼泪，就说："这屋里下雨了——小天使在那儿洒水，所以屋里下雨了。"

Verträchtiger（可能想说 verächtiger，讨厌的）家伙（因为罢工而停电了），该诅咒的家伙。

Da ging sie an der Mutterrab.[1]（《灰姑娘》里的一句话）

［手稿 1275 反面］

"唱亲爱的上帝。"他努力了半天之后说出一句话，他认为："那么亲爱的上帝在轻

---

[1] 这句话应该是 Es ging zu seiner Mutter Grab，即"她向母亲的坟墓走去"。

轻地穿过一座森林。"

"爸爸总是早晨开玩笑。——爸爸每天早晨开玩笑——这个开玩笑的爸爸。"

你是爸爸的妈咪对吗？——那么爸爸是我的孩子吗？——唉，哪里的事儿，这肯定是大人的事情。（过了一会儿，他说，我可能是母亲的儿子，然后）你的爸爸是瓦尔特。（引自与朵拉的一次谈话）

朵拉在贝尔图赫的画书里指着蚁狮和一只手里握着胡萝卜的睡鼠给他看。第二天，她指着睡鼠问他，这叫什么，他回答："胡萝卜狮子。"

朵拉对格蕾特说，晚饭她在家里什么也没吃。史台凡听见了说道："第三天我们就会又这么穷了。"

朵拉午睡之后走进他的房间，他说："我睡觉的时候太吵。那儿老有人在说哈罗哈罗（说哈罗——打电话）。"

早上，他应该给我送一封信；他同时对朵拉说：现在，我要把这个送给你那个可怕的大胡子。

斯特恩常常在我们这儿烤罂粟蛋糕（Mohnkuchen）。当月亮（Mond）升起来的时候，史台凡在我母亲跟前问道：月亮是烤熟的吗？而在朵拉那儿，他问的是："真的能从月亮里烤出一块蛋糕吗？"[1]

妈咪，我要在你耳边小声说一句话。对耳低语：你是猴子。

妈咪，我要在你耳边小声说一句话。（对耳低语：）我也要和公主结婚。

妈咪，今天我是王子，不是史台凡。"好。"妈咪，我要一个橙子。"昨天你已经要了一个。"啊不，啊不，昨天不是我，那是史台凡，在我们家里根本就没给过。"你以为，我能为所有陌生的王子买橙子吗？"

---

[1]　史台凡在这里把罂粟（Mohn）理解为发音近似的月亮（Mond）了。

［手稿 1276 正面］

妈咪，我的脚里面是什么东西？"肉和骨头。"那骨头是怎么进入脚里面的呢？"那是从里面长的。"肉已经被我吃了。

在父母亲那里吃饭，他必须等候，朵拉和爸爸开始吃了，这时候他说：这儿大概有一个人应该挨饿，是吗？

我给贝尔塔（摇动木马的名字）挤奶。贝尔塔有一个奶（？）。（他指着前面垂下来的长长的毛发）说："我在那儿给它挤奶。[1]

1922 年 3 月

当他累了想去睡觉的时候：我觉得嘴巴老是要张开。

一次散步时——毫无缘由。生菠菜的叶子是绿的，当它被煮熟的时候，它就成了 wüklik（？）（应为 wirklich，真正的）菠菜。

在书写明信片的时候，他看到明信片上一片天空被夕阳染红。他说："那儿已经是晚上了。瞧太阳膨胀得多么大。"

他做了个鬼脸。"妈咪，这样丑吗？"是的。"丑就是把草[2]都拔掉。"

我们在观看夕阳西下，这时候他对我说：天空是红色的，而蓝色在他的房间里呼喊。

他说（他曾经听到过）今天是天使的生日。这时候，他问道：天使今天过生日吗，亲爱的上帝？——是的——亲爱的上帝说了。——但他的声音很轻，也许他有点儿害羞。

妈咪，你为什么总是说茶碟，这不就是盘子么。——是的，但人们就这么称呼这个盘子，因为它们总是在杯子下面。——那如果你把茶杯拿开了，你就不可以再叫它们茶碟了。

"妈咪，给我讲个故事。"唉，我现在根本没有兴趣。"唉，讲一个吧，我可有兴趣啦。"你有兴趣你讲啊？"不——但是——这——我现在把兴趣扔到你的嘴里去了——现在你可

---

[1] 缺引号的后一半。原稿如此。

[2] 德文 "Gras" 是草，而丑是 "gräβlich"。因为词根相同，所以史台凡产生了这样的联想。

以讲了。"

　　1922 年 4 月

　　像一个玩笑：人们——人们——他们大概是巴里斯耳朵里的人。[1]

[手稿 1276 反面]

　　"一个令人不愉快的滑稽的梯子"，"现在我必须不愉快地走过去"。这是他在我母亲回答他他必须过来之后说的，他显得很不愉快。

　　一块漆布棋盘。"这上面的漆大概是为下棋的男人们涂的。"

　　他的第一种有预感的必要性感觉大概是这个问题："早晨紧挨着晚上吗？"我回答道：不，夜在它们中间。"那早晨为什么要来呢？"我让他自己寻找这个问题的答案："为了让太阳出来呗。"

　　朵拉给他讲了一个《大熊、中熊和小熊》的故事。第二天吃早点的时候，他对朵拉做出一副威胁的面孔，过了一会儿朵拉说：啊，现在我好害怕，这儿有一个可怕的大巨人。然后他对着朵拉的耳朵小声说："不，这儿没有大巨人，有个中巨人。"

　　"当我还是一只小鸟的时候，在我还是小史台凡之前，这里来了两个小男孩，他们要打我，这时候我的妈咪——就是鸟的妈咪——大声骂他们，于是那两个男孩就跑掉了；也就是说，这是在我成为史台凡之前的事情。"

　　布卡尔特小姐说：这只兔子很卖力气。之后，他大笑起来并一再重复说："卖力气——卖力气。这不叫 Mühe（力气），这叫 Gemüse（蔬菜）。"

　　朵拉对他说：今天我在你这儿吃早点，就是说你邀请了我。然后他说：哦，这次恰好没有邀请，下次吧。不过我想要你在这儿。（这前半句是他听我母亲经常说的）

---

[1] 德文 Leute，指很多人，没有单数。Mensch 是单个人，加词尾 -en 成复数，指两个以上的人。巴里斯 Ballis，在这里是复数，大概指某个童话里姓巴里斯的一家人。

1922 年 5 月

在他那儿，Schmetterling（蝴蝶）和 zerschmettern（打碎）之间有语源学的联系，因此，他说蝴蝶打碎了花朵。他模仿蝴蝶的样子。但他理解的这后一个单词的意思只是一种触摸。

他在散步时发现一个成年人个子特别小，这时候，他会说：妈咪，他可能是一个小无赖吗？

[手稿 1277 正面]

他说，他在院子里发现了一只死老鼠。然后朵拉说：你怎么知道的？也许它根本没有死。史台凡："可是它就躺在那儿，它不再跑了。"

"妈咪，我们什么时候贴儿童糊墙纸（一种印着儿童画的糊墙纸）？"我们从维也纳回来的时候。"啊，不，当我们从维也纳回来的时候，我们就完全不同了。"为什么？"人们出去了再回来，然后人们总是会变的。"

每当我妹妹寄给他一张明信片，格蕾特都会像平常一样，要求他念给她听。后来，他说：这张明信片我不能念。我能念的只有爸爸和妈妈写的以及这本复活节兔子的书。

"今天太阳生病了。"朵拉：她生的什么病？"她丢了两束光。"

当朵拉弄倒他的时候，他说："不要用你的脏脚，我可是刚洗干净。"

史台凡从维也纳寄给我一封口授的信，但不是逐字逐句写的：

你好，我今天就想回家。我很爱他。也问候豆豆姑妈好，我也很爱她。美好的问候。为了她我听话。我也爱尤拉姑妈，我也问候她。我也问候格蕾特一千遍。

1922 年 6 月

这种小橡皮使我的舌头很累。我认为，我必须喝水了。

像他要糖吃的时候那样，爸爸对他说：直接去找妈妈，你不需要任何中间人。第二天早晨他说：请爷爷给一块糖吧，我要你在妈妈和我之间帮个忙。

朵拉大声喊"爸爸"。史台凡：你究竟在喊什么，是爷爷还是爸爸？朵拉：嗯，你说到底谁是我的爸爸？史台凡：嗯，爸爸——爸爸在他的房间里。

他听见我的岳母喊"雷翁"，他自言自语地说：爷爷叫雷翁——滑稽。

[手稿 1277 反面]

朵拉在他旁边坐下。"妈咪我很爱你，别人可以对一个妈咪说要听话吗？"可以，我非常爱你。"你是我十分听话的妈咪。"

朵拉在床上坐着。他走进来说，"早上好"，"你是轻妈咪。"为什么说我是轻妈咪？"因为你只穿一件薄衬衣。"

"妈咪，人为什么长一个脑袋？""想一想，看看你自己能不能回答这个问题。""那，也许应该把眼睛和鼻子安在脖子上？妈咪，人为什么要长头发？""哦，你的问题真多。""可是大家不能都变得一样老。人怎么会变老呢？"因为他问个没完，朵拉默默地举起手指。"嗯，很多问题。"

朵拉给他穿睡衣，睡衣很长，垂过他的脚，所以他不能行走。过了一会儿，他说："妈咪，年轻的脚不能从睡衣里伸出来。"

妈咪，如果我不能去公园，那我会多么不幸。

他呼唤小毛勒："毛勒。"朵拉：不要喊他毛勒。他的名字到底叫什么？"嗯，毛勒·本雅明。"不，你再想一想，他的妈咪怎么叫他的？"哈尼朴茨，那么他叫哈尼朴茨·毛勒。"

你应该帮助我剥大黄茎[1]的皮。——格蕾特在剥皮。"我们用这皮干什么？"我不知道。那我们用它们做一个漂亮的被子吧，然后你把它放到我的床上去。

"格蕾特，你将来和我结婚吗？"嗯，好，好。"可是如果来了一个陌生人，你会对他说什么？"哦，我不知道。"嗯，那你就说，史台飞已经把我娶走了。"

---

[1]　大黄茎（Der Rhabarber），欧洲人食用的一种很酸的蔬菜。主要食用部分是红色的茎，食用时要把红色的皮剥掉。

"一切好的可能性都来自上面。"

[手稿 1278 正面]

1922 年 7 月

我们在花园里。朵拉和我想出去。他想再次浇花并喊道：花儿必须再吃些点心。

[1922 年 4 月，祝贺我妹妹生日的信：你好。她过生日的时候，就不会忘记，她得到了美好的问候。而且我很爱她。她在海德堡，现在我已经爱她了，她已经到家了。她应该好好睡觉。她已经过了一个美好的生日。]

他说："我做了一个梦——但不是今天——送信的邮差拿钱买了许多很小的婴儿。当时他送给我们几个。"什么邮差，邮差？"不，他始终坐在邮局里，那个官员。他送给我们好几个，还给妈咪、爸爸和格蕾特。"他们有多大，比画一下。"我可没有收到，我只是做了个梦。"嗯，比画一下有多大！"很小，很小。"（用两个手指比画）他们活着吗？"是的，他们是很真实的。"他怎么称呼那些婴儿呢？史台凡想了一会儿："摩西。"（这些问题是朵拉提出的。他很高兴，她为这个故事感到很愉快）

当他讲述自己淘气的一种表现时，朵拉说：嗯，你知道吗，这可不是什么荣誉——妈咪，什么是荣誉？——如果好好听话就……——好吧，妈咪。那什么是一把？（好像他没听说过一把麦穗之类的话？）

朗读贝尔图赫："奇怪的鱼。奇怪的鱼。它们很快地动着牙齿和鳞片，是不是？不是吗？它的尾巴也动得很快。那条灰色的很奇怪。——奇怪的蝴蝶。——奇怪的鸟。——啊花儿，瞧这种，扎人，可怕，你瞧。——奇怪的黑叟斯（？）。"

他听见朵拉在打电话，就来到我跟前说：我们不想老是和那些野孩子说哈罗。我们不要听那些人的声音，我们对他们不感兴趣。

1922 年 8 月

他问，蜘蛛在哪儿生活，等等。几天之后我们（朵拉和史台凡）一起去散步，被很多蚊子叮咬，为此我直抱怨。他说："唉，如果我们这儿有一只蜘蛛就好了，一只就行。"

"蚊子，不要咬人。人不是用来叮咬的。他们在这儿是为了生活，不是为了让你们叮咬的。"

当格蕾特再次让他收拾自己的东西时，史台凡责备地对她说："不要那么苛求。"——"妈咪，什么是苛求？"

[手稿1278反面]

给我的信 / 你好，很快就回来吗？我很伤心，我为什么不能再看见你。你在海德堡高兴吗？你在那儿有多高兴，是不是真的很美？我很好奇，那儿到底是什么样儿。爸爸应该从海德堡给我带点儿什么。他每天身体都好吗，他会不会睡不好觉。他应该给我带回几千只鸟，不是真鸟，是用蛋糕做的。我感谢他送我一本美丽的书。我很喜欢那本书，那本他将带给我的书。他应该带回很多漂亮的礼物。送上很多美好的问候。一千次问候。他应该带回一座漂亮的房屋。我再也不喜欢这儿了。我们马上去波罗的海，我喜欢带爸爸和格蕾特一起去。我们住在瓦格纳的另外的红房子里。

从齐恩斯特寄给我的信 / 亲爱的爸爸！这儿的房子我不喜欢，我以为你这儿是温德里希夫人的家。波罗的海海边很美丽。问候你，我感谢你给我这本新书。这儿的海滩看起来很美，有美丽的贝壳，我们吃煮熟的但不吃壳。他应该立刻回来。（你把这些写的信告诉妈咪了吗？住柏林的瓦格纳家里？胡说？我不愿意。）一千次问候。这儿窗户上有一只蜘蛛。他要是回到这儿就好了，请回来吧。我和一个小姑娘一起玩耍。我们把书也带去了。今天我做了一个梦。我总是吃午饭和早点。这儿有一面镜子。多多问候。

从齐恩斯特寄给我的信 / 多多问候。一千次问候。我玩过了——那么多美丽的星星和积木——他为什么有一个这么小的小箱子——我抓住一条小鱼，很小——海豹——我洗了个澡——我会潜水了，但没有潜下去——他应该带点东西回来，如果他只有一个小箱子，那他顶多带回一些糖果。一千次问候。我（向你）鞠躬。

他从花园回来，上楼，按铃，但他不得不等了很长时间。当朵拉给他开门时，他说："嗯嗯这些人真笨，嗯嗯这些人真笨。首先他们说好，然后他们才开门。"

他对朵拉和格蕾特说："我觉得你们都是美丽的野丫头。"

1922 年 9 月

去睡觉之后：妈咪，我还有很多话要对你说。亲爱的上帝是从哪儿来的？另外有一次，他说：一片叶子、一棵树是从哪儿来的，一块肉是从哪儿来的。

他在观看贝尔图赫画册里的一幅画：地下墓穴。同时他大笑起来，对骨架的奇怪姿势感到开心：妈咪你瞧，这是不是很滑稽？后来，他知道了这幅画的真正意义，大概是从格蕾特那儿听说的。然后他紧紧靠在妈妈怀里说：妈咪，我想过了——我可不知道他们已经死了。

[手稿 1279 正面]

他们还活着，这些人。——后来：唉妈咪，又是那些人，他们可是已经死了。

妈咪，在厕所里我感到很害怕。那儿有人在走动（水发出的噪声），这使我很害怕。

如果人吃了有毒的东西，他就会死。然后，他就会被埋葬。有些人也许去了上帝那儿。但是，甚至有些孩子也会去那儿，如果他们很听话的话。

我从海德堡带回来一个橡皮做的中国人玩偶，他要带它到大街上去玩。朵拉再三提醒他不让他带走。他回家以后讲，一个男孩差点儿把玩偶抢走。然后朵拉说，他必须交出来，什么都不应该拿出去。然后他说："哎妈咪，不要骂，我并没有把它带走，我说的是另外一个男孩。"

我们家附近在盖房子，街边新房子前面有两大堆砖头。我和史台凡一起来到房子跟前，指给他看，房子盖得多么快。然后他说：但是另外的却不快。经过一番询问我才明白，他把那两堆砖头也当作两座新建的房屋了。

史台凡对我母亲说：在大学图书馆里，人们做的事情和在大学里做的事情一样吗？

他从院子里对着朵拉的窗子喊道：你可以想象我多么好，尤其是，我看见花园里苹果

和梨都躺在地上。（他用两只胳膊抱着苹果和梨）

他想和朵拉以及格蕾特说话，却插不上嘴，因为格蕾特在讲市场上的事情。然后他说：不要说了，你们总是说那个听话的孩子。不要说了，你们总是说那个听话的孩子。（他越来越愤怒，因为他的耐心变成失望）你们总是把不听话的孩子排除在外（？）。

1922 年 10 月

在他听了关于洪水的故事之后，他唱起一首歌。开始：当我还没有出生时／那时候我的心已死／那时候我的心已死／那时候海滩开始被淹没／所有的山与谷都消失了／那时候也没有火，那时候月神花园在喊叫（在说话在解释）：也就是说，因为男人都走了。——他唱了这首歌之后，朵拉要他再唱一遍。然后他说：妈咪，这不是给你唱的歌。这首歌只唱给孩子们听。妈咪，我嘴里还有很多歌儿，明天我将全部唱给你听。（这都是他在床上坐着的时候发生的事情）

[手稿 1279 反面]

亲热的表现："万岁—妈咪"代替漂亮的妈咪。——有一天，当他在楼梯上碰见朵拉的时候，他说："你这只幸福的猴子。"

1922 年 11 月

他和格蕾特一起上街。她指着"好孩子屋"的方向说道，他现在应该去幼儿园和娃娃们（好孩子屋的小姑娘们）一起玩（那里他先前去过一段时间，但他很不喜欢去）。他责备地对格蕾特说，那个幼儿园有什么好，不要去那儿。最后他说：不过，你知道吗，我不去那儿，但我长大以后，我会把我的孩子送去，然后，我和他们一起去那儿。

他又唱起在幼儿园听来的一首歌："……外面刮着风又湿又冷。"

1923 年 1 月

他听说一位年迈的太太(在布莱滕施泰因)把胳膊折断了。"可是妈咪，它根本没有折断，它还在。"

问他和另外一个孩子是否相处得很好，是否听话，因为以前说他们是两个不听话的孩子，他说：两个不听话的孩子在一起总是听话的。

1923 年 2 月

他十分直截了当地说："米亚卡先生还活着吗？"当朵拉肯定地回答时，他说："我们到底什么时候能摆脱他呢？"

后来他问，画上有些人头上顶着餐巾环是什么意思？（估计他指的是圣像头上的光晕）

（1922 年 12 月）他外婆在维也纳报告：他提醒我记住夜餐的巧克力。我说：他会得到的。他说：我保证，有些人不会这样做，但是外公和我不属于这种人。他问：那种人怎么做，会不守信用吗？我：嗯，他们答应一件事，但不遵守诺言。他：是的，例如，他们答应去山上，后来他们却没去。——也就是说，我曾对他保证，如果天气允许的话，爸爸将会和他一起去爬一座有名的山。

给朵拉的信：亲爱的妈咪，多多问候。他们烤的什么蛋糕？我很爱你。叶蒂姑妈送给我一块巧克力，是哈努卡牌的。我得到一座城和糖果，一个泡亚茨。多多问候。你的小兔子

在维也纳吃饭的时候，外婆多次问他现在想吃什么。他说："等我想一想；可是，我不能把它从头脑里拉出来。"

［手稿 1280 正面］

亲爱的妈咪！我很爱你。快点儿回来吧。维也纳有什么新鲜事儿吗？你身体好吗？你身体好吗，爸爸？格蕾特身体好吗？问候爸爸、妈妈、豆豆、格奥尔格和伊达（父母亲身边的佣人）。我身体很好，不，不好，因为我这么长时间没有看见你。我很爱你。弗里达——我必须先想一想，现在我不知道。弗里达总是在我身边，她只有一次去了缝纫学校。刚才罗莎姑妈给了我一个苹果，苹果很大，我不得不啃了一整夜。我现在睡在彼得的房间里，彼得出去了。我寄给你许多吻。我很爱你。史台凡

妈咪，当恩斯特尔用他的小柯劳森（？）在我脸上晃动时，为什么我觉得自己变得越来越瘦？——你认为瘦是什么意思？——就像这样在胃[1]里。（1923年1月）

1923年8月

我们在散步的时候碰见一辆运冰车（Eiswagen）。他说冰（Eis）与吃饭（Essen）和冬天的冰（Wintereis）有区别并说道：冬天的冰被冬天捉住了。

1923年9月

他看见我的写字台上立着一个带书页丝带的匣子，问这是什么。我指给他看它在一本书里的作用。有些书里有多条书页丝带。过了不大一会儿，他说："你在这儿，这使你感兴趣，这儿你不能读完，是不是。"

1923年10月

他看见图画书里有一个头发灰白、愁眉苦脸的老人坐在一张桌子前面。"他在生什么气呢？因为他没有结过婚吗？"

他在地毯上打滚，朵拉听见他在自言自语地说："我不知道这个。如果我知道就好了。嗯，早晚我会知道。"然后他看着朵拉，停顿了一会儿。"妈咪，以后人们会知道一切的。""是的，以后（如果到了亲爱的上帝那儿）人们会知道一切的。""嗯，然后我也会知道。"停顿。"然后你将会知道什么？""哦，没什么。""哎，你说然后你会知道指的是什么？""嗯，为什么我是一个胆小鬼。""到底谁说过你是胆小鬼？""嗯，当我不能去和孩子们一起玩的时候，当他们取笑我的时候，这是我自己看出来的，格蕾特也这样说过。"

我给他看一家新工厂的厂房设计图。他说：这房子怎么这样。全是窗户。

1923年11月

当我给他看带有说明的女巫图像并试图让他相信女巫很丑陋的时候，他说："肯定也有美丽的女巫。"

---

[1]　德文 mager/magerlich（瘦）和 Magen（胃）的词根一样，史台凡因此产生联想。

1923 年 12 月

在一篇童话里出现了"醉"这个词，我问他是否知道这个词的意思。"知道，当一个人喝了很多酒和当酒在肚子里咕噜咕噜响[1]的时候。"

我给史台凡读一篇童话，其中有一个凶恶的小精灵，看起来像侏儒的敌人。他似乎没有完全明白，我问他：凶恶的小精灵是谁的敌人？这时候，他试图从其凶恶推导出敌对的目标并说道：他父母亲的敌人。

[手稿 1280 反面]

大家在说"雷曼先生的生日在圣诞节"。史台凡认为他只过圣诞节。我问他，什么时候是他的生日？"复活节。"我告诉他这个日期并问：为什么是四月十一日？"因为五号是我的生日。"不。"因为我将十一岁了。"

他看见了带条纹的衣料。"妈咪，这个就像你那件画了条纹的连衣裙一样。"

1924 年 1 月

朵拉给他醋栗面包。他摸了摸表面，说：本来这就不像面包。它应该叫香蕉巧克力。

他口述，朵拉听写，这封信将寄给她在维也纳的母亲，听写之后他说：妈咪，不要给她写她应该寄包裹。可能她也会寄的。

1924 年 2 月

他应邀到小男孩罗特希尔德家里做客，回来后他讲述他的经历："我被邀请的时候，一个小姑娘对我说，我应该再吃点。我说：不吃了，谢谢。可是我还有点儿饿。可是人不可以吃得太饱，是不是？"朵拉："谁对你这么说的？"他说："嗯，没有人。有时候亲爱的上帝会给一个人的头脑里装点儿什么，不光是人。（停顿了一会儿）——妈咪，亲爱的上帝往亚当和夏娃的头脑里装过什么，是不是？然后我们也从他那儿得到了一些。——

---

[1]　德文 Rausch（醉）和 rauschen（咕噜咕噜响）的词根相同。

妈咪，黑人也是亚当和夏娃生的吗？"

　　1924 年 3 月

　　朵拉经常外出，他很难过。朵拉："在旅行之前人们不得不担忧这担忧那。"他："唉，你这么认为，这没有什么，因为，后来人们在旅行中就整天不分开了，虽然人们以前并没有见过。"

　　"妈咪，你还像爱一朵花那样更爱我吗？"是的。"我也像爱一朵花那样更爱你，我像爱绿色的树丛那样更爱你。"

　　早先的（Die frürigen[1]）"人"（？）就是原始人。

　　斯特恩送给朵拉一幅画。史台凡问："妈咪，为了这幅画我们送给斯特恩叔叔点什么？"朵拉："也许你愿意为他画一张？""可是妈咪，用画换画，这可不行。"（他平时很喜欢画画，这不是借口）

　　"我说歌谣，妈咪把它们记下来，然后把它们印出来，我们就能得到钱了。"

　　他问，这是怎么回事，母鸡总是既下硬皮蛋又下软皮蛋，正好像人们所需要的那样。

[手稿 1281 正面]

　　关于彼岸（？）的一次谈话。吃饭的时候，为了进行类似问题的谈话，他问（可能有点儿狡黠），亲爱的上帝现在是不是也在（吃）[2]午饭。"不。""那这大概就是天上和地上的不同吧？——在天上不用吃饭。——当灵魂在天上，当我死了的时候，我到底会得到什么呢。然后，灵魂，如果它想吃东西的话，它还得下来。"

　　1924 年 11 月

　　我们坐在电车里。他猜想，为了报站名，司机必须事先知道街道的名称，而且想到，司机也要把站名写下来（就像他在学校里通过书写来学习那样）。

---

[1] 正确的写法是 früher，-rig 也常常作为形容词词尾。
[2] 手稿原文笔误写为 ist，编者改为 iβt，其发音相同。

初级课本里的行，他有时候把行（Reihen）这个词读成旅行（Reisen）。

问他"在学校里怎么样"，一连好几天他总是说"chön"[1]。——后来的回答则是：是 schön（美）还是 häβlich（丑），我不感兴趣……

[补记以前的话：他看见一个小姑娘（眯眯）背着书包在街上走。他说，不要拿这些书，眯眯。这些书是爸爸的（所有的书都是爸爸的——他这样说过或者"想过"）。]

　　　　1924 年 12 月

我们在儿童剧院看《白雪公主》。最后白雪公主原谅了凶恶的王后。过了几周之后，他产生了一个念头并这样解释说：火红的拖鞋不能仿造，所以——因为这个不可以当真——小白雪公主必须原谅后妈（后来我才知道，他是从朵拉那儿听来的）。

　　　　1925 年 3 月

他在床上还想"开玩笑"。我："人们在床上最好玩的事情是睡觉。——不，是思想。例如，想各种不同的苹果。"

他在想象，如果他能实现一切愿望的话，那么他会希望实现什么愿望。"把世界上所有的钱都扔掉，这样你（朵拉）就不需要再到办公室去了——你就能整天给我读书了。"

"妈咪，所有的孩子都爱他们的母亲和父亲吗？因为人们更爱教育人的人。"

　　　　1925 年 6 月

他称自己喜欢的体操器械为"好看的东西"，如梯子和爬杆，相反，他不喜欢转盘和缆绳。

[手稿 1281 反面]

　　　　1925 年 2 月 [2]

朵拉告诉他，如果她信天主教，那她今天就能庆祝一天，因为今天是圣人的日子。但犹太人好像没有圣人。——史台凡：是吗，那圣人摩西呢？

---

[1]　chön 正确的写法是 schön，意思是：美，好。

[2]　时间顺序比上面的早。原文如此。

1925 年 12 月

我旅行归来之后问史台凡，上宗教课时他们站在哪儿，关于圣经故事的谈话和为什么故事讲到今天。最后他说：因为约瑟夫在埃及，而女牧师结婚了，不管她叫什么，反正她是一位高贵的女士。

我在读一篇童话：航海家迷失了方向，不再知道早晨和晚上。我问他这叫什么。"哦，因为那儿树很密，那儿他们什么也看不见，他们在那儿完全迷路了。""大海中央有很多树？那些树从哪儿长出来的？""哦，它们乘船来到岸边的。"

数字系列的无穷无尽使他全神贯注。——我在和他谈什么是责骂，然后告诉他："一切都得有个界限。""不一定一切都有个界限。例如，讲故事就能一直讲下去。""那好，在数字那儿是一个例外，可是其他方面一切都有一个界限。""不，不是一切都有界限。地球就没有界限。""为什么？地球就是有界限。""不，因为人们可以一直围着它转，一直转。"（这与球的形状有关。）"那么，无论如何，责骂有一个界限。""骂人也没有界限。人们可以一直骂下去：滚滚滚滚滚。只要他们想骂。"

史台凡谈论"滑稽的词汇"。"王子"是一个与包起来的星星连在一起的词语。晚上他在床上提了好多问题之后说到"蛇"，说有时候蛇一直戴着王冠，并解释说："一顶蛇冠（？）。"

史台凡在桌边说，所有的书里讲的总是这样的，一个人爱一个人，由此产生的结果总是好的。我说：在你的书里总是这样——以后长大了，会有很多书，那里面就不是这样了。接着他大笑起来并大喊："是的，一个情人被杀死了。"〔他以为"情人"这个词，就像它显示的那样，意思是一个（被读者）喜欢上的人。〕几天前他非常开心地在一本书的护封"概要"上读到"一个情人被杀了"这句话。

用 Bauchschreck[1] 表示非常 Erschrecken（害怕）。（类似"震惊、恐惧"）

---

[1] 这也是史台凡自己组合的词：肚子（Bauch）＋害怕（Schreck）。

1926 年 1 月

他来到我跟前，问我的拖鞋在哪儿，他指的不是（他自己的）小拖鞋，而是他的小拖鞋的"父亲"（朵拉告诉他，他应该询问他的拖鞋的"父母亲"在哪儿）。

[手稿 1282 正面]

史台凡拿着一张彩光纸对着电灯，同时不停地喊道："德国障眼法。"

史台凡能区别"关于这事儿什么都没听说"与别的"扭伤——关于这事儿也什么都没听说。嗯，这病更严重。——还有 Zwang 来自 zwingen"（这是一个听来词汇的例子），没教养的——这是一个难以确定的词，不是刚好听见的，也不是刚好没听见的（同样被提及的词语有：听话，更衣），"德国的"（朵拉证实）——表示不好明确改写的事物（如香肠）这样的词。

每当他问爸爸某个故事的时候，爸爸都知道。爸爸知道世界上所有的故事。"妈咪也知道所有的童话。"嗯，我说的是知道很多故事，像施了魔法一样。爸爸是一个魔爸爸。谁有一个魔爸爸，那么谁就是一个星期天出生的[1]孩子。

他叫 Tilly（？），他还有一个父亲。他很快就会坐飞机去英国找他。

上帝妈咪——多么遗憾，我不是星期天出生的孩子。"嗯，你是星期四出生的，这也很好啊。"上帝妈咪，你本来可以再怀我三天之后生出来的。——你本来可以把我再按压回去的——难道这不行吗？

1926 年 2 月

他问，什么是"Pampir"（应该是 Vampir，吸血鬼）？

"我觉得我的胃微笑了一下。"——这是他对某种东西感到高兴时的表达方式。

妈咪，猫在大笑。它真的在大笑。但是我不知道它为什么笑。我根本没说什么笑话的

---

[1] 意思是"有福气的"。

时候，它也在笑。也许猫的笑话是另一种样子。

　　1926 年 3 月

　　在很长的一段时期里，他有一个习惯："妈咪，你更喜欢谁：喜欢我还是喜欢一块树皮巧克力（或者一只小勺，或者一张明信片，或者一头狮子，等等）。"回答是：一块树皮巧克力，因为它可以含在嘴里慢慢吃（或者类似的回答）。然后他说：也可以把我含在嘴里（等等）。朵拉：嗯，那我就更喜欢你。

　　他谈到童话书里的说明（或者前言），其中提到童话典型主题，他说他一起读那些说明。"然后，几乎一下子就有了许多小的童话。"

　　他躺在床上，高高地掀起睡衣。我问：为什么？"这可时髦了……人们总是把肚子、肚脐露出来，然后才知道，是什么束紧了人。"（"这可时髦了"早已成为他的一句口头禅）

[手稿 1282 反面]

　　"在月光下喝水。

　　并想，也许这是香槟酒。"（不新鲜了，但仍常挂嘴边）

　　他手里拿着一面银白一面金黄的双面光纸。他把纸放在床上，问我喜欢哪一面。我：金黄色的。他：我也喜欢，因为可以更好地入睡。

　　1926 年 8 月

　　有一段时间流行即兴演唱，其中有："今天唱的是骷髅之舞 / 在森林里，在森林里，在森林里骷髅噼啪响……它们胸前没有肉……（然后表演一种疯狂的哑剧舞蹈）地毯不如先前好了（然后继续说唱）。"这一切，全都是对歌德叙事诗"骷髅在下面撞得粉碎"[1]这句引语的发挥，朵拉曾经给他朗诵过那首诗——此外还有《仙鹤之歌》。

　　这期间他和莫勒一起在花园里玩游戏：股份公司，凯宾斯基。

---

[1]　歌德的叙事诗《骷髅之舞》（*Der Totentanz*）（一译《死神之舞》或《死亡之舞》）的最后一句。

我要出去，史台凡正要去洗澡，我一边走一边向他告别说：祝你洗澡愉快。他回答：祝你进城顺利。

吃饭时他问，母熊生小宝宝的时候疼吗？答复："疼。"为什么？因为母熊没有在天堂里待过。

他说他写了一部小说 „ Die krei（？）Kugeln"[1]。

　　1926 年 10 月

他写了一部小说《寝室》待续，这部小说于晚上和早晨发表。"小说"是图画，书页上的内容是关于报纸的通知，签字在"您大概能理解，在一个能将它叫作小说的人那儿"。

10 月 9 日寄往维也纳的信："亲爱的妈妈，柏林的 10 月 9 日，现在我给你写信，这儿刮了那样一场风暴，连树都被刮倒了。笼子里的鸟儿热烈地唧唧叫，现在太阳突然射来一道光，但接着又刮起风暴。愿你身体健康。后来鸟儿们都偎在一起。然后一只鸟吃起食来，它那么可爱。再次问候你 盖章 盖章 1926 年 9 日。"[2]（背面画着鸟儿、图章等[3]

史台凡洗完澡之后在床上嬉闹。他有一本画册，他和它嬉闹时（大概在很早前，他在封面上）写了点什么。"书很薄，但是人会因为聪明而变胖。"我把书从他手里拿走并关了灯。"夜里人们不看书。"他想把书要回去："不然黑暗会在里面阅读，那黑暗就永远是黑暗了。""从书到书，书中的书。"

［手稿 1283 正面］

　　1926 年 11 月

他给我看一张纸，纸上贴满了从报纸上剪下来的各种词汇，虽然是印刷品的黄纸（报

---

[1]　原文如此。中间的词究竟什么意思，本雅明也不能确定，因此他打了个问号。如果是 drei（三），则这个题目可译为《三个球》。

[2]　原文如此。

[3]　此处缺后半括弧。原文如此。

纸的黄色纸），但仍然可以看清楚："史台凡的勤奋——美。"我说："这是一种弄糟了的美。"
（词汇被剪坏了）他："这儿可以看到，黄颜色能变得多么美，就像中国人那样。"

他对朵拉说："妈咪，现在我在思考什么是 Grausamkeit（残酷）。""嗯，难道你见
鬼了？""唉，刚才我在想 Grünsamkeit 或者 Weißsamkeit。"[1]

1927 年 2 月

他把 Zwielicht（双重光或曙光）这个词说成——Zwillingslicht[2]（双胞胎光）。

不久之前，我还听见他造了 "spätrig"（他经常用 früherig 代替 früher）。

那天是裴斯泰洛齐[3] 日。我问他看了哪些不同的演出，最后也问，有没有音乐。他说：
"有，一个女歌唱家。"但她做了那么多怪相。"她几乎从未显示自己的真实形象。"

1927 年 3 月

早晨朵拉和他谈话并讲了一些他以前说错的词语，就像他还小的时候那样，例如，他
总是把 "Photograph"（照相）说成 "Gratophoph"。他说："大概这个词被我与 'Philosoph'
（哲学家）搞混了。"

我在家里打电话。史台凡在电话旁边。我说："我可以和妈妈说句话吗？"史台凡："妈
咪在外面。他陪一个人出去了。那个人叫汉斯·维茨未安斯基(？)。"我问："到底是谁？""一
个男人。""谁？""一个陌生的强盗，她和那人偷偷地拥抱。"

他从学校回来。我问他今天怎么样。这时候，他讲述了一个斯普雷森林的女人，他们
看见她 "后面拖着那样一块桌布"。

---

[1]　这里涉及德语构词法和儿童构词的联想能力：Grausamkeit，Grünsamkeit，Weißsamkeit——这三个
词的前半部分分别是 "灰色的""绿色的" 和 "白色的"，后半部分是形容词名词化后缀。第一个词（"残
酷"）是由天色灰暗演变来的，大概是人们因看到天色灰暗了而感到害怕，于是就有了 "令人恐惧"
的意思，进而演化为 "残酷无情"。但德语中没有后两个词，是史台凡根据相同构词法联想出来的。

[2]　这个词也是史台凡造出来的。

[3]　约翰·亨里希·裴斯泰洛齐 (Johann Heinrich Pestalozzi, 1746—1827)，瑞士教育家和教育改革家。

朵拉听见他这样对小猫说："唔，你很可爱，你也很具体。但是帕奇很抽象，没有人喜欢他。"（帕奇是他们学校的一位很不受欢迎的音乐教师，在最近一个时期，他就像"著名的波希米亚人"一样，是他关于学校的报告中常常提到的一个人物）

1927 年 10 月

他在花园里又建了一座城，叫作"Substanznik[1] an der Substanz"（物体旁边的 Substanznik）。

1928 年 1 月

与朵拉一起谈战争。朵拉说：如果所有人都想战争可能与自己有关，每个人都会死，也许他们会反对战争，但他们却总是想：我没事，那是别人的事。史台凡：所以必须[2]

［手稿 1283 反面］（图 5.3）

他们也唱这样的歌："从前我有一个伙伴……他的生命被夺去。"他们宁可改为"我的生命被夺去"，然后他们会想宁可待在家里。后来他解释说：恰恰每个人都在想，另一个人是被击中的伙伴，而且必定会有一个人被击中。

关于"己所不欲，勿施于人"这个成语的作文：

"己所不欲，勿施于人"

不仅在我们德国的水域，而且在欧洲南部和东南部的国家，青蛙一样会一连几个小时不停地唱黄昏之歌。所有的青蛙都一定会呱呱地叫着聚到一起。青蛙的主要食物是昆虫：苍蝇和蚊子。在动物和人中间，"己所不欲，勿施于人"这个成语将受到重视。几乎所有的节日都与鸡和鹅有关，是不是？是的，它们被宰杀了。如果有人要把我们宰杀，会怎样呢？［自然的（！）死亡除外，这在人和动物中都会发生。］人是最强大的，他认为，必须战

---

[1]　史台凡生造的一个词。

[2]　原文如此。

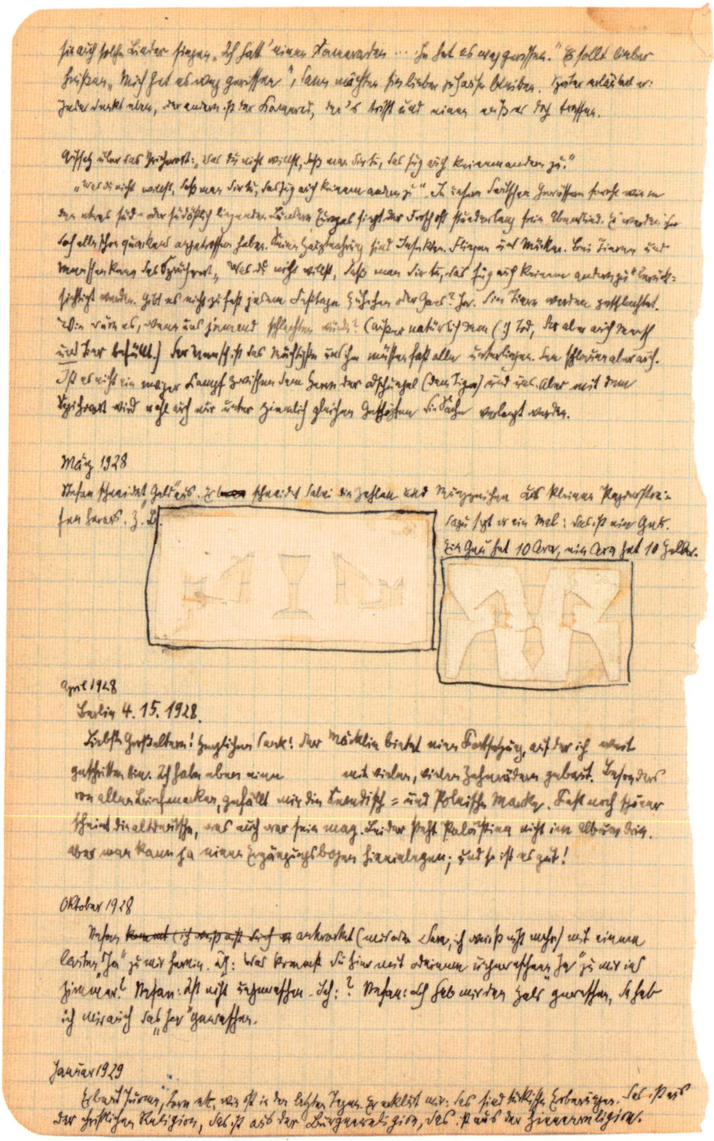

图 5.3　关于史台凡·本雅明的笔记，第 30 页（1928 年或 1929 年）

关于粘贴的纸片，本雅明写道："史台凡剪下来的'钱'。他同时从小纸条上剪出数字和硬币标志。"

胜几乎一切动物。狡猾的动物也一样。难道在丛林的主人（老虎）和我们之间不是一场永恒的战斗吗。但是，就这个成语来说，大概也只有在差不多同类造物之间才可以提出这种要求。

1928 年 3 月

史台凡用剪刀把纸剪成"钱"的形状。同时，他也用纸条剪出数字和硬币的形状。例如（贴在纸上的小纸片）。此外他说过：这是 1 Geu。1 Geu 等于 10 Ara。1 Ara 等于10 Halbe（？）。[1]

1928 年 4 月

柏林，1928 年 4 月 15 日。

最亲爱的爷爷奶奶！衷心感谢！梅尔克林提供了一个续集，在续集上我已经迈出了一大步。同时我用很多很多齿轮建造了一个 [2]。在所有的邮票中我特别喜欢瑞典和波兰的邮票。旧的德国邮票，不管是什么样的，几乎都更美。可惜集邮册里没有巴勒斯坦的邮票。不过可以在里面增加一页，这样很好！

1928 年 10 月

史台凡大声喊着"Ja"（是）回答（我或朵拉，我记不清了），跑进房间。我：你怎么这样 ungewaschene[3] 地大声喊着"Ja"就跑进我的房间呢？史台凡：没洗过吗？我：？史台凡：我刚洗了脖子，同时这个"Ja"我也洗过了。

1929 年 1 月

他在建设塔楼、城门等，就像最近几天常干的那样。他给我解释说：这是土耳其的征服。这个来自基督教，这个来自城堡教，这个来自城垛教。

---

[1] 这几个词都是史台凡自己发明的单位名称，本雅明也不能理解，只是如实记录下来。

[2] 原文此处有一个空白。

[3] 本义：没洗过的。引申意思：没教养的。

［手稿 1284］（图 5.4）

1929 年 3 月

整个冬天他都在玩"克瓦姆布什先生"的游戏（克瓦姆布什，一位记者的名字）。午饭后，"克瓦姆布什先生，克瓦姆布什先生"——史台凡一边说着这个名字，一边在房间里来回跑，我追他，他不跑了，同时又溜到钢琴底下，并在那儿继续玩他开玩笑的花招。

自制的邮票

（四张贴在纸上的邮票）

1929 年 4 月 11 日

史台凡十一岁生日时得到了一本集邮册。晚上，他说："单是'集邮册'这个词，对我来说，就已经意味着一次飞行了，一次进入奇妙地方的飞行，通常人们只有做梦才能去那儿。"

1932 年 3 月

朵拉和他一起下棋，等他走下一步并不耐烦地说：走啊你，我等得灵魂都要出窍了。史台凡："这儿不是灵魂的候车室。"

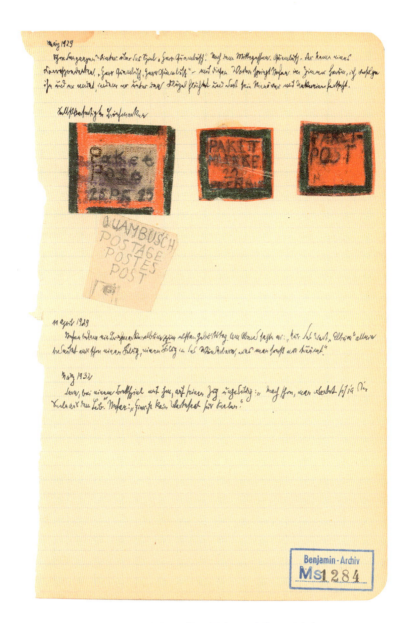

图 5.4　关于史台凡·本雅明的笔记，第 31 页（1929 年和 1932 年）

贴在纸页上的是儿子史台凡"自制的邮票"。

最柔软的寄宿处

笔记本

我带着这个蓝色的笔记本到处走，一言不发。人们一看见它就会高兴得两眼放光，不仅我这样，其他人也这样。我早就发现，它具有某种美丽的中国瓷器的颜色，皮子上有蓝色的假漆，纸张是白色的，格线是绿色的。此外它还可与土库曼斯坦人的鞋子相比。我确信，在整个巴黎都没有同样漂亮的东西，尽管如此，它既超越时间和空间的界限，而且也是完全现代的和巴黎的。（致阿尔弗雷德·科恩的信，1927 年 7 月 21 日，见《本雅明书信集》Ⅲ，第 273 页）

他有许多小本子。除了那些记了笔记的本子之外，他还有一个本子，专门用来记录他读过的书；另外一个本子专门保存他读书的摘录，总有一天，那些摘录会被当作纪念碑的铭文。（让·塞尔兹：《回忆录》，第 13 页）

笔记本是作家、艺术家、建筑家、科学家、从事精神工作和做记录者的基本装备。它们是轻便的旅伴，是草稿、思想和数据的存储地。在需要的时候它们供你使用，能够转达或补充上下文的关联。笔记本呈现了所有者的思想方法和工作方法，有些很著名，如利希滕贝格的草稿簿，歌德的八开本草稿簿——他在其中构想出《诗与真》，卡夫卡的四开本笔记簿，图霍夫斯基的四开本日记，托马斯·曼的笔记本，布莱希特的写着《法策尔》片段的黑色爱法林纸封皮的本子，普鲁斯特的《小册子》

或乔伊斯的《在布法罗的芬尼根的守灵夜笔记簿》。

　　本雅明的笔记本情况特殊。笔记本的所有者赋予它们一种非同寻常的高度关注，是的，他过分崇拜它们。这首先涉及他赋予这种装备（开本、封皮、装订和纸张等）的崇高价值，但也适用于使用的特殊性和不免具有极端流浪汉特征的财产转移。如果人们知道本雅明把《单行道》称为"笔记本"，因为他认为"格言书"

图 6.1　笔记本
本雅明手稿，编号 673。皮封面（1927
年或 1929 年）

的概念是不恰当的，就会清楚这一切并非偶然。

在本雅明档案馆里保存有六个笔记本和三本拍纸簿。羊皮纸封面的第七个笔记本保存在耶路撒冷格肖姆·朔勒姆的遗物中。除此之外，还有无数散页，上面常常注明日期或者内容的关联。至少有一个"八开本"、一个"索耐肯牌听课笔记本"和一个狭长的"羊皮纸封面的本子"都下落不明。本雅明特别重视那个在耶路撒冷的"柔韧羊皮纸封面的较大本子"，关于那个本子他写道："此外，与

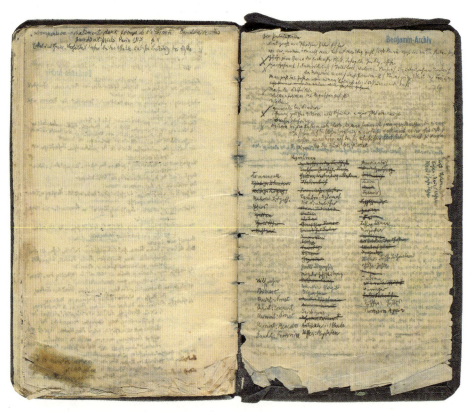

图 6.2　关于《单行道》和《评论》的笔记（大约 1928 年或 1929 年）
笔记本里的记录。本雅明手稿，编号 673，1 个双页

它打交道，我对那个纸张很薄、透明而又精美的本子有一种令人感到羞愧的偏爱。"
(《本雅明书信集》Ⅲ，第 446 页）那个硬纸板封面、黄褐色纸的本子比较牢固，
纸上有纤细的纵横条纹，上面写有 1929 年至 1934 年的札记、评论草稿和日记（图
6.3 和图 6.4）。

然而，对所有者来说，具有魔力的质量不仅归功于挑选出来的材料，而且也

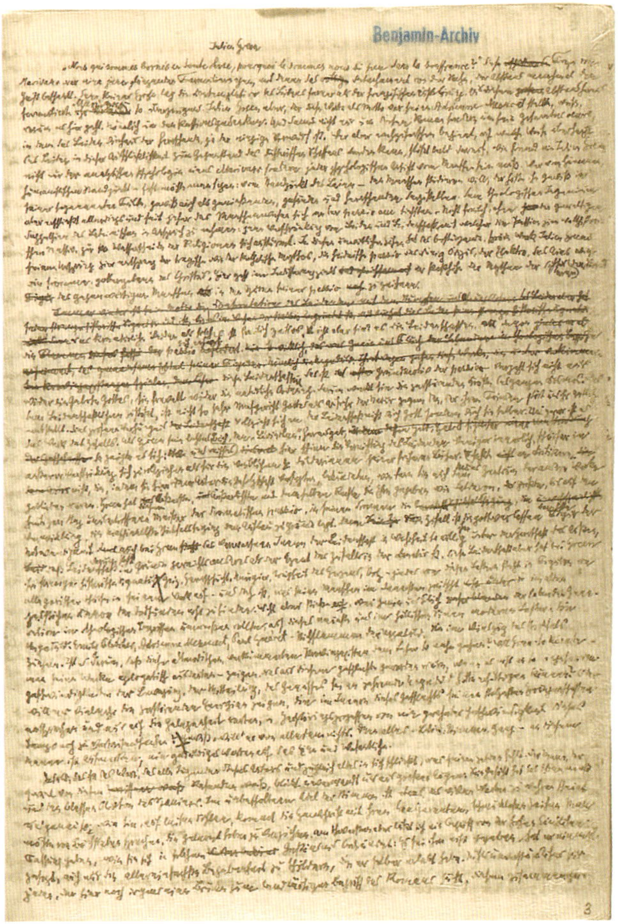

图6.3 《朱莉因·格瑞》(1929 年）
笔记本里的本雅明手稿，编号
674，3页，复制第 1 页（参见《本
雅明文集》Ⅱ-1，第 328~330 页）

图 6.4 格肖姆·朔勒姆的写有诗歌《天使的问候》的明信片（1921 年）
贴在笔记本里的本雅明手稿，编号 674（参见《本雅明书信集》Ⅱ，第 174 页及下页）

应归功于一种特别的交换关系：有几个本子是本雅明的小学同学阿尔弗雷德·科恩（1892—1954）送的礼物，作为一位生活在柏林、曼海姆和巴塞罗那的商人，他还拥有一种书籍装订的熟练技巧。1929 年 1 月，本雅明向科恩提出一个建议："我从你那儿得到的这个童话般的羊皮纸本子，突然变得十分流行了，我根本不能正视很快又不得不在无家可归状态下写作的这种想法。现在我的一些想法是这样的：假如可以，你就再给我搞一个这样的本子，那么我就把所写的东西赠给你，其中所写的东西，在相当程度上将是我最近一段时间完成的全部草稿。"（《本雅明书信集》Ⅲ，第 433 页）一个收件人、一个作者能够使之承担义务的潜在读者就以这种方式和笔记本建立了联系，他不仅要保存这个里面有许多未发表文字的本子，同时还要能在任何时候将其提供给作者本人。

生产者用一个图像世界表达他对提供生产资料的感谢，这个图像世界与得到他高度评价的产品相符。1933 年 2 月他求助于科恩——这与"在无家可归状态下写作"的说法相似："也许你根本不知道这么多年来，看到这些变幻不定而又极不相同的想法，一再地被你亲切指定的最柔软、最干净的寄宿处接受是多么美。"（《本雅明书信集》Ⅳ，第 153 页）使用者保持了笔记本的清洁，它们不是草稿本。它们只是暂时的栖息处，他不得不把出版物称为"家园"。

本雅明总是同时使用多个笔记本。除了那些他在其中写了日记和游记、定格思想、起草文本和书信、创作文学作品的本子之外，他还持续不断地完善一个记录已读文章的小目录本。让·塞尔兹观察过这种使用的变化。他肯定看到过一个写有"格言集"的本子，其中有这样的句子："'正如格列佛觉得每一座城市都意味着一个巨人的游戏室那样，这本最科学的书中也有作者的玩具。'/ 艾尔泽 - 拉斯克·舒勒 / 柏林音乐会 1932 年"，或者 "'Attendre, c'est la vie'（等一等，这就是生活）/ 维克多·雨果"。具有嘲讽意味的是相反的书写方向，也就是从后面开始写，收藏家赋予这个本子另外一种功能，同时他还编制了一个奇怪的书名目录。这些听起来仿佛源自穆里[1]大学的傲慢，而这一切都不是凭空臆想出来的："A.W. 米勒：特别神圣的基督包皮崇拜[2]和教皇官邸教堂的神学 柏林 1907 年"，"动物是不是魔鬼？不来梅新教神学家 J.F.B.1740 年根据文字和理性进行过探讨并做出回答"，或者"F.J. 埃根特：《神秘的悲剧》尾声'不可缺少的人'，莱比

[1] 位于瑞士伯尔尼附近的一个小镇。

[2] 圣包皮，基督诞生后行割礼留下的遗物。传说保存在卡尔卡教堂里。后被偷窃，曾复出，又再失踪。再后来说该遗物已升天，化作土星光环。

锡 1873 年（薄薄的一卷平庸的抒情诗）"。

本雅明在他的笔记本里写下的小字令人惊讶。单是朔勒姆遗物中的那个羊皮纸封面的笔记本就有 63 页草稿和 20 多篇文章的完整笔记，其中有早期的关于荷尔德林的作文、关于超现实主义的杂文和关于布莱希特的戏剧《母亲》首演的评论。

本雅明在《作家写作技巧的十三条论纲》中推荐"要避免使用信手拈来的工具"。笔记本显示出，这些论纲表现了他的工作方式。他说，"不要让你的任何

图 6.5　笔记本
本雅明手稿，编号 672。皮封面（1932 年）

思想偷偷地爬过去，要像有关当局使用外国人登记簿那样严格地使用你的笔记本"（《本雅明文集》IV-1，第 106 页）。然而，我们也不必完全字字当真，因为本雅明写满它们，正如他对科恩说的那样，也是"交叉进行的"（《本雅明书信集》III，第 446 页）。他从不同的页数开始记入并遵循不同的记录方向。文本也是断断续续的，很多页都是后来续写的，有些文字被划掉了，很多地方打了叉，作为该段落移至手稿其他地方的符号。

有一次本雅明把笔记本看作"手工艺人的百宝箱"（《本雅明书信集》III，第 274 页）。笔记本的存档功能鼓舞了他的写作。他有一种要写满它们的雄心，至于收件人，他觉得也不是无所谓的。同时，笔记本起的作用是使人恪守纪律。开始使用一个新笔记本是一种特别的挑战（图 6.3 和图 6.7）。

笔记本是联系作者与作品的媒介。它们是思想与写作的舞台，是采石场，是试验田。在这里，人们可以将想法收集起来，使之具有一种结构，加以摒弃并重新塑造——有时候有创见，有时候很混乱。对作者来说，

图 6.6　《幽默》（1917 年或 1918 年）一个笔记本里的手稿 2 页，复制第 1 页（参见《本雅明文集》VI，第 130 页）

笔记本就是眼前的一面镜子，我们可以从中看见本雅明的嗜好与特征。他同时在书写多个文本。此外，他偏爱短小的形式、引语和睿智的格言。他不喜欢在与世隔绝和封闭的情况下完成针对现实的写作，而是喜欢在途中写，无论在大街上、在咖啡馆里或在旅途中——在什么地方逗留就在什么地方写作。除了笔记本之外，难道他还能为所有这些找到更忠实的伴侣吗？

埃特穆特·韦齐斯拉　整理

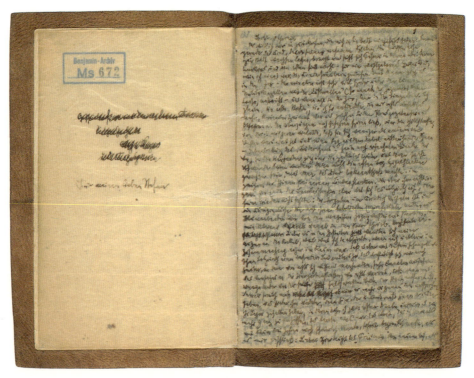

图 6.7　《柏林编年史》（1932 年），写有献辞"献给我亲爱的史台凡"和被划掉的献辞"为我的四位亲爱的朋友萨沙·盖哈德、阿丝雅·拉西斯和弗里茨·海因勒而作"
笔记本里的本雅明手稿，编号 672，59 页，复制献辞页和第 1 页（参见《本雅明文集》Ⅵ，第 465 页及下页）

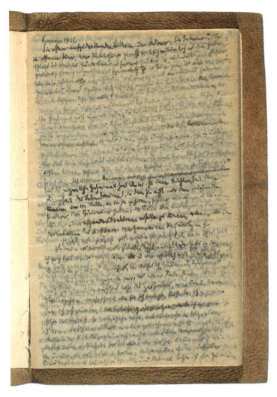

图 6.8 《西班牙 1932》
笔记本里的本雅明手稿，编号 672，19 页，复制第 1 页（参见《本雅明文集》VI，第 446 页及下页）

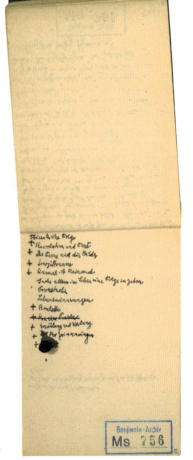

图 6.9 《伊维萨的后果》分段
一个笔记本里的手稿，1 页（参见《本雅明文集》IV-2，第 1002 页）

游 记
明信片

别见怪：明信片这样的古代艺术品是我的爱好。(《本雅明书信集》Ⅲ，第82页）

有些人，他们相信自己命运的钥匙可以在遗传上找到，另一些人相信可以在星象中找到，还有一些人相信可以在教育中找到。我本人相信，假如今天我能够再翻一翻自己的明信片收藏，关于我后来生活的一些解释，也许可以在明信片之中找到。这种收藏的伟大发起人是我的外祖母，她是一个行动果断的女人，我相信我继承了她的两个方面，即我对馈赠和旅行的兴趣。如果前一种热情靠不住的话，那么圣诞节假期——童年的柏林是不应该被忘却的——意味着什么呢？肯定地说，男孩时期关于冒险的书籍，没有一本像明信片那样对我的旅行兴趣产生过那么大的影响，那大量的明信片都是她在遥远的旅行中寄给我的。因为我们感受到的对一个地方的渴望，会塑造那个地方在我们心中的形象，所以应该谈谈这些明信片。(《本雅明文集》Ⅵ，第500页）

买、写、收、发、读和收藏明信片，早在本雅明的童年时期，就成为他生活的一部分了。他热情地利用这个几乎不比他小几岁的媒介，因为根据照片模板生产的彩色明信片在他出生三年之后就流行起来。这种明信片不仅新颖，而且也很便宜，很多人都能买得起。把去意大利旅行的图片带回家或者把一幅家乡的油画寄给朋友和亲戚，以前是只有富人们才有资格做的事情。明信片的发明也允许不太富裕的人向别人展示自己亲眼看到的地方和事物。明信片引入之后的头两个月就售出两百万张以上。新的明信片不断地被印出来，几乎每一个地方和每一个村庄，许多火车站、旅馆、饭店，不久都推出了自己的明信片。

但是，那些风景明信片不仅被大量购买和寄出，不久它们也变成了收藏热情的对象，这种热情也攫住了本雅明。他的外祖母，那个"行动果断的女人"的明信片，成了他收藏的基础，她的辽阔的海上航行和骑骆驼的旅行使还是孩子的本雅明心里充满了妒忌。对他来说，明信片也是一个魅力的源泉。他迷失在明信片的图像世界里，不久他自己也在梦中游览了"塔巴尔茨、布林迪西、摩德纳·迪·坎皮格里奥"并穿过世界的海洋，高高地站在从波涛中耸立起来的"'维斯特兰'号船头"。（《本雅明文集》Ⅳ，第 500 页）他像珍藏贵重物品那样收藏明信片，把它们保存在三个收藏夹中，与他的其他珍贵物品一起，藏在窗户旁边他最喜欢的一个小"柜子里他的财产下面"（《本雅明文集》Ⅳ-1，第 280 页）。他的第一种伟大的收藏热情就是收藏明信片。后来，本雅明在他的笔记和文章里一再提到收藏。对他来说，那是"一种实在的回忆形式"（《本雅明文集》Ⅴ-1，第 271 页）和一种"研究的原始现象"（《本雅明文集》Ⅴ-1，第 278 页）。

本雅明自己什么时候开始写明信片并寄出的呢？我们在他的一封致小学同学赫尔贝特·布鲁门塔尔的信中找到了线索。1910 年 7 月 15 日是他的 18 岁生日，本雅明与他的家人一起去瓦杜兹度假，他写道："收到这么多明信片，可是我还没有得到你的一行字。"（《本雅明书信集》Ⅰ，第 9 页）对他来说，不仅他写的那么多明信片是来自远方的问候，他也请求收信人在他回家乡之后再寄给他。九天之后，他从圣莫里茨写道："希望你至少把其他的明信片好好保存起来，如果对你来说无所谓，对我来说却是个纪念。"（《本雅明书信集》Ⅰ，第 18 页）这些明信片成了他有图像回忆的一部分和作家尝试的起点。1911 年他和全家人一起进行了最后一次共同的旅行。这一次他也寄出了明信片和信，写了游记，不过已经有了变化。迄今留下来的仍然是一部私人的日记、日复一日最精细的旅行流水账，后来却变成了清晰的文学大纲，这个大纲是后来才从书信、笔记和明信片中提炼出来的。他对朋友赫尔贝特·布鲁门塔尔描述了这种变化："然后，大量的印象和想法，应该很快抓住、推敲、琢磨并写进日记。不过这还不成形。这是因为材料充实但缺少时间。迄今为止，我写的东西都很糟糕；但可以肯定地说，作家的创作比写一本日记更容易；我已经在日记中学会尝试并为明年制订了一个迥然不同的计划。我得结束了，但请你好好保存我的信！以后，当我追述一部日记时，也许我会向你借用。"（《本雅明书信集》I，第 42 页）

后来，正如他宣告的那样，他也赋予《1912 年圣灵降临节我的意大利游记》一种全新的形式。"旅行应该首先从我想写的日记里复活。我想，在日记里，那种诗情画意的旅行，那种需要宁静而又理所当然地综合并体现其本质的整个旅行，应该自然而然地展开。我觉得，如果任何个别经历都完全不能给整个旅行打上烙印的话，那就更加不能拒绝旅行了。自然和艺术到处都在歌德称之为 'Solidität'（休戚相关）的东西中和谐一致地达到了顶峰。而人的任何冒险、任何冒险兴趣都没有把一种有效的或者迷人的背景表现出来。"（《本雅明文集》VI，第 252 页）在续篇中，他把游记的这种特征发展为短小精悍的范文"游记"，如《莫斯科》《圣吉米尼亚诺》和《那不勒斯》，它们分别发表在各种不同的报纸和杂志上。

随着岁月的更替，明信片这种媒介本身也走进哲学兴趣的中心。1924 年或 1925 年，本雅明计划出版的作品里也应包括一篇题为《明信片美学》的文章。（参见《本雅明文集》VI，第 694 页）显然这个出版计划没有成功，但他对进行一次书面的关于明信片现象的论战仍兴趣盎然。1926 年 6 月，他在致西格弗里德·克拉考的信中明确指出："假如您继续探究小资产阶级梦想和欲望舞台的活动布景，那么我的奇妙发现也会像我一样出现在您面前，也许我们将在某个地点不期而遇，一年来，我就全力以赴地关注着那个点，即明信片，却没能说到点子上。也许有一天您会写一篇这样的拯救集邮的文章，对此我已经期待了很久却未敢启齿。"（《本雅明书信集》III，第 177 页）后来本雅明还是"冒昧地"写了"拯救集邮"的文字，这就是《邮票商店》那篇奇妙的文章，1927 年 8 月 9 日发表在《法兰克福报》上，1928 年又发表在《单行道》里。

从 1924 年起，本雅明生命中的大部分时间都是在旅行中度过的。他到西班牙和意大利旅行，坐火车去里加、巴黎、马赛和摩纳哥，去莫斯科、土伦、尼斯、科西嘉，还去挪威和芬兰进行海上旅行，也到过北极圈；他一次又一次地去巴黎，他很喜欢在巴黎定居，正如他的朋友格肖姆·朔勒姆讲述的那样，"因为那个城市的气氛那么合他的心意"（朔勒姆：《友谊》，第 164 页）。在所有这些地方，他都着手寻找特别的明信片，在莫斯科也这样："在同一天我找到了一些很不寻常的明信片，正如我长期寻找的那样——沙皇时代旧的滞销品，主要是彩色硬纸板压制的图画，然后就是一些西伯利亚的风景。"（《本雅明书信集》VI，第 362 页）

1929 年 4 月，本雅明到托斯卡纳的城市圣吉米尼亚诺旅行了一周，并在返回柏林的途中造访了沃尔泰拉和锡耶纳。从这些地方寄出的几张明信片仍保存在他的遗物中。

1932 年 4 月，他乘船从汉堡出发，经过巴塞罗那登上了小岛伊维萨，当时那儿还是一个不为人知的地方，远离人们渴望的旅游路线。他在《伊维萨的后果》中描绘了小岛的美丽，那些短小精悍的观察与思考发表在 1932 年 6 月 4 日的《法兰克福报》上。

1933 年 3 月，他启程第二次前往伊维萨。但这次不是什么消遣旅行了，这一次的行程不是自愿的。他 1932 年访问伊维萨的时候，在那儿住了好几个月，然后他像往常一样返回柏林，回到自己的故乡，他的家。然而，1933 年他却不得不离开德国。作为犹太人和左翼作家，他的生命面临极大的威胁。早在 1933 年之前，反犹主义的突然袭击在德意志帝国就已经无处不在了，但随着国家社会主义者接管权力 [1]，剥夺犹太人的权利和迫害犹太人就成了国家的政治。本雅明第二次来岛上逗留是作为难民、无家可归者，他不知道未来会给他带来什么，也不知道应该怎样生活、靠什么生活以及在哪儿生活。他被赶出自己的家园，他精心制作的档案、他的书和他的收藏都留在原地。他的文章、资料和笔记的一部分虽然通过朋友的帮助得到拯救，但大部分明信片可能都遗失了。今天在他的遗物中只剩下很少几张意大利风景明信片了，它们可能是他最后一次去托斯卡纳旅行时购买的，还有几张是伊维萨岛和马略卡岛的明信片，他大概想用来寄出或者留作纪念。

　　1932 年，当他作为访问者来到伊维萨的时候，他写了《柏林编年史》，一段对明信片的回忆也找到了入口："那是一个喧闹而又快乐的晚上，因此去那儿的路显得更加宁静，穿过冰雪覆盖的不熟悉的柏林，在煤气灯的光里，它在我周围向四面八方伸展开。此情此景，我很熟悉，就和我收藏的明信片中最细心保存的那张上的画面一模一样。那张明信片表现的是深蓝底色上浅蓝色的哈勒舍大门 [2]，可以看见把贝勒阿里安斯广场框在其中的楼房，圆圆的月亮高悬在天空。但月亮和楼房正面的窗户被明信片最上面的部分解放了，它们高高地位于图片的白色部分之外。要想平心静气地观看同样的柔光中一排排窗户和月亮的表面，必须对着灯光或蜡烛的光照高擎着才能看清楚。"（《本雅明文集》VI，第 507 页）

---

[1]　国家社会主义（德文：Nationalsozialismus），"纳粹"就是该词缩写的发音。因为希特勒上台是经过议会选举上来的，故称接管。

[2]　哈勒舍大门（Halleschestor），柏林东部的一座老城门。

也许他当时就已经预感到，他将与哈勒舍大门和他的明信片收藏中悉心呵护的那一张永远分离，他将再也不能回到柏林，热衷于旅行的本雅明不久就将成为一个无家可归的难民了。

古德伦·史华兹　整理

圣吉米尼亚诺

纪念胡戈·霍夫曼斯塔尔

　　找到通向记忆犹新的事物的话语是多么难啊。然后，当它们浮现出来时，它们会用小锤锤击现实，直至把现实锤打成一幅图像为止，就像在一个铜盘上捶打出图像那样。"为了往大水罐里汲水，女人们每天晚上聚集在城门前的井旁。"——直到我找到了这句话，那幅图像才从过于炫目的带有坚硬肿块和深沉阴影的经历中浮现出来。以前，关于那些白色火焰般的柳树，午后它们怎样用自己的小火苗守护着城墙，我都知道些什么呢？从前那十三座塔楼曾经不得不紧密地应付各种情况，从现在起，它们镇定地各就各位，它们之间仍然保持一定的距离。

　　有人从远方归来，会突然觉得城市变得那样悄无声息，就像穿过一座门走向原野那样。然后，城市仿佛不见了，就像人们每次走近她那样。可是，如果成功感受到了城市，他就会投入她的怀抱，在蟋蟀的叫声和孩子的哭嚎声中不能自已。

　　像在过去的几百年里她的破旧房屋越来越密集那样，几乎没有一座房屋狭窄的门上没有大地主的圆拱痕迹。现在，那一个个青铜门的门口都飘动着阻挡蚊虫的肮脏的亚麻布门帘。人们把遭到上帝摒弃一般的旧石头装饰残片砌入墙里，使墙体获得一种徽章学的外观。走进圣乔瓦尼大门，人们会感到犹如处在一个院子里而不是在大街上。广场本身就是院子，人好像完全被保护起来似的。人们在南

San Gimignano - Panorama dal Poggio

图 7.1 圣吉米尼亚诺，从波焦看到的全景

方城市里经常遇到的东西，没有任何地方像这儿那样可以感觉到；人们必须先努力回忆这座城市里的人，人为了生活所需要的一切，拱门和城垛的线条、阴影，鸽子和乌鸦的飞动，它们那么容易使他忘记一切需求。逃脱这种难以忍受的现实，他感到困难，他会以为面前的早晨是晚上，夜里是白昼。

凡是能站立的地方，也到处都可以坐下。不仅孩子，而且所有的女人在门槛上都有自己的位置，人们身体紧挨着，各有自己的习惯，也许还有自己的神。大门口摆放的椅子早就成为城市革新的标志，尤其是咖啡馆提供的显然给客人的座位只供男人使用。

以前，我从未像在这里那样站在自己的屋里临窗观赏日出和月升。当我夜里或者下午躺在床上的时候，我看到的只有天空。日出之前，我会习惯性地醒来。然后我就等着看太阳怎样从山后升起。我也碰到过这种短暂的瞬间：最初，太阳比一块宝石大不了多少，一块火红的小宝石出现在山脊上。关于月亮，歌德说过："你的边缘像星星泛起光辉。"——还不曾有人把这句诗理解为太阳。可是，太阳的光辉不像星星而像宝石。从前的人对艺术一定很着迷，把这块宝石当作护身符藏在身边，并以此把时间转变成幸福。

图 7.2 圣吉米尼亚诺，佩斯齐欧里尼家族的宫殿和萨尔富奇家族的两座塔楼

我望着城墙。这个国家不以建筑和住宅区而自夸。这里还有很多东西，却都被遮盖着并蒙上了阴影。那些院落，它们一点儿也不像是为了应急而建造的，不仅在图画中，而且在砖头和窗玻璃的每一种色调里，都显得那么高贵，公园深处的任何地主庄园都不能与之相比。但我倚靠着的城墙，正分享着橄榄树的秘密，它们的树冠像坚硬而又容易断裂的花环，用成百上千个缺口向天空吐露真情。(《本雅明文集》Ⅳ，第 364~366 页)

图 7.3　圣吉米尼亚诺，水井广场后面的科尔台西塔楼（也被称为魔鬼塔楼）

图7.4　圣吉米尼亚诺，乌戈·诺米广场与塔楼

图7.5　圣吉米尼亚诺，圣菲娜的历史（洛伦佐·迪·尼
科罗·迪·皮埃特罗·格里尼，1400 年）

图 7.6　圣吉米尼亚诺，圣吉
米尼亚诺的大主教手捧城市
模型（塔代奥·迪·巴尔托洛，
1400 年）

图 7.7　圣吉米尼亚诺，圣奥古斯丁还是孩子的时候在塔嘎斯特的语法教师面前（贝诺佐·哥佐利，
1463 年）

图 7.8　圣吉米尼亚诺，
圣阿戈斯蒂诺教堂，宝座
上的圣母（利波·梅米，
1400 年）

图 7.9　圣吉米尼亚诺，圣阿戈斯蒂诺教堂神龛画，圣母的分娩（巴尔托洛·迪·弗雷迪，1440 年）

致格肖姆·朔勒姆的信

沃尔泰拉[1]，1929年7月27日

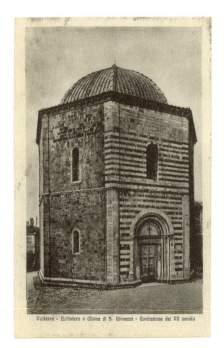

图 7.10　沃尔泰拉，八角形的浸礼堂

亲爱的格哈德[2]：

你喜欢说你想说的话：我的信总体来说并不那么少，短的信更少。使我失去自由的是应该强调说明的欧洲通信状况，你认为我的国际道德本应放进更明亮的光中，我孜孜不倦地致力于向你呈现的多变和很少注明日期的情况就属于这种道德。在这个意义上，至少面前的这封信我也能请求你给予注意。这封信是从伊特鲁里亚人[3]的文化中心寄出的，我们说是从他们洞窟的前厅中寄出的，也就是说，我刚刚参观了这个博物馆，看了三个小时，我为自己37年来对这些东西一无所知表示了忏悔。寄自沃尔泰拉。默默无闻并非没

---

[1]　沃尔泰拉，意大利托斯卡纳大区的一个城镇，属于比萨省。

[2]　格哈德即格肖姆·朔勒姆，本雅明平时常常这样称呼他。

[3]　埃特鲁里亚人是意大利西北部埃特鲁里亚地区古老的民族，他们居住在亚平宁山脉以西及以南的台伯河与阿尔诺河之间，公元前6世纪时，其都市文明达到顶峰。后来的罗马人吸收了他们文化的许多特点。

图 7.11　沃尔泰拉，圣朱斯托教堂

有道理；即使被邓南遮[1]赞美也不会受到伤害；躺在一片无雪的非洲的恩加丁[2]
中间，令人感到兴致高昂——那辽阔的荒原和周边光秃秃的山峦显得那么清晰。
（《本雅明书信集》Ⅲ，第 477 页）

　　锡耶纳……但锡耶纳的威士忌—大主教座堂（黑白二色）早就是一种独特的
选择了。（《本雅明文集》Ⅳ -2，第 1023 页）

　　礼拜式教导说：教会不是通过克服异性之恋，而是通过同性之恋建立起来的。

---

[1]　加布里埃尔·邓南遮（Gabriele D'Annunzio，1863—1938），意大利诗人、记者、小说家、戏剧
家和冒险者。他常被视作贝尼托·墨索里尼的先驱，在政治上颇受争议。主要作品有《玫瑰三部曲》。
[2]　恩加丁是瑞士东南部格劳宾登州境内的一条河谷，那里山上常年积雪，阳光明媚，风景优美。

图 7.12 沃尔泰拉，普里欧里宫

图 7.13 沃尔泰拉，佛罗伦萨大门

图 7.14　沃尔泰拉，圣弗朗西斯科大门

图 7.15　沃尔泰拉，寄宿学校和圣米歇尔教堂

图 7.16　锡耶纳，大教堂

图 7.17　锡耶纳，大教堂里的马赛克

倘若教父不与合唱队的男孩睡觉，那就是弥撒的奇迹了。锡耶纳大教堂，1929年
7月28日。（《本雅明文集》Ⅵ，第204页）

墙

　　几个月来，我生活在西班牙的一座山崖城堡里。我常下决心，出去到周围一
带散散步，这片地方周围是庄严的山峰和苍翠的五针松森林。它们之间隐藏着一
些村庄；那些村庄大都以圣徒的名字命名，也许那些圣徒真的移居到这天堂般的
地方来了。此刻正值夏天，炎热使我拿定的主意被一天一天地推迟，即使是通往
磨坊的那条可爱的林荫道——我从窗户里就能看见它，最后我也不想去了。于是

Serie B. n.º 7 - IBIZA (Baleares). La Carroza

图 7.18　伊维萨岛，卡洛萨

就只剩下穿过狭窄阴凉的小巷的习惯性的闲逛了，在那纵横交错的小巷里，人们永远不会以相同的方式找到相同的交叉点。一天下午，我迷了路，闯进一家小杂货铺，那里可以买到风景明信片。不管怎么说，橱窗里有那么几张，大都是一堵城墙的照片，正如在许多地方都能看到的墙角那样。但这类明信片我却从未见过。摄影师抓住了墙的全部魔力，它通过自己的风景一跃而起，仿佛一种声音或一首颂歌，持久地穿过了若干世纪。我答应自己，在我亲眼看到明信片上的这堵墙之前先不买它。我没有向任何人讲这个念头，要不是我看见一张带有"圣维尼兹"签字的明信片，我可能会更早地放弃这个想法。虽然我对一位叫维尼兹的圣人一

图 7.19　伊维萨岛，风车（多明戈·菲内茨摄）

无所知，但我更多地知道有一位叫法比亚诺、一位叫罗曼诺或者希姆尧里欧的圣徒吗？这周围的其他地方也都是按照他们的名字命名的吗？如果我的旅行手册没有提到这些名字，那就是旅行手册压根儿不想提及他们。这一带的居民都是农民，海员们学习他们的样子做记号，但同一个地方他们有不同的名称。于是我就查阅比较旧的地图，当旧地图也帮不了我的时候，我设法弄到了一张航海图。不久，这项研究就把我吸引住了，在这件事向前推进的阶段去找第三者寻求帮助和建议，也许有失尊严。那天晚上，当一个本地的熟人邀我一块儿去散步的

时候，我已经在明信片上又花费了一个时辰。他想带我去爬城外的小山，我曾经频繁造访长满五针松的小山上那些早已静止不动的磨坊。当我们到达那里的时候，天色渐渐暗了下来，我们稍事休息，等候月亮升起，在第一缕月光中我们开始往回走。我们走出一片五针松的小树林。我看见那里有一堵墙立在月光里，很近，绝不会错，几天来，就是它的图像一直在陪伴着我，我们返回的小城就在它的保护之下。我一句话也没说，但我很快就和那位朋友分别了。第二天下午，我突然闯进曾经去过的那家小杂货铺，那张风景明信片仍然挂在橱窗里。这次我发现门楣上面有一个牌子，先前它被我忽略了，上面用红色的印刷体字母写着"塞巴斯蒂安诺·维尼兹"。此外，画家在牌子上添加了一块宝塔糖和一个面包。（《本雅明文集》IV-2，第 755 页及下页）

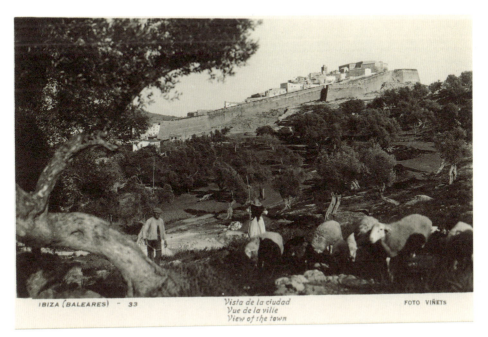

IBIZA (BALEARES) - 33　　　Vista de la ciudad
　　　　　　　　　　　　　Vue de la ville　　　　FOTO VIÑETS
　　　　　　　　　　　　　View of the town

图 7.20　伊维萨岛，城市一瞥（多明戈·菲内茨摄）

图 7.21 伊维萨岛，博物馆（多明戈·菲内茨摄）

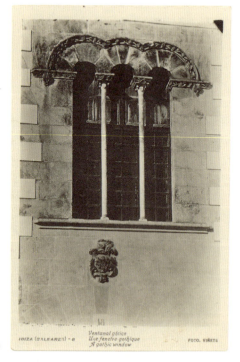

图 7.22 伊维萨岛，哥特式的窗户（多明戈·菲内茨摄）

图 7.23　伊维萨岛，埃斯·韦德拉岛（多明戈·菲内茨摄）

图 7.24　马略卡岛的首府帕尔马，从灯塔瞭望贝勒维宫

图 7.25　马略卡岛的首府帕尔马，港口和色欧大教堂一瞥

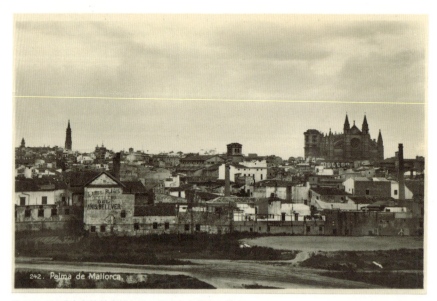

图 7.26　马略卡岛的首府帕尔马，拉塞乌大教堂一瞥

图 7.27　马略卡岛的首府帕尔马，港口

图 7.28　马略卡岛的首府帕尔马，拉塞乌大教堂

弓的张力

作曲、建筑、纺织

《波德莱尔》的整个计划——当然，迄今为止还只是一篇草稿——已显露出一种哲学的弓的张力，其规模相当宏伟。（《本雅明书信集》Ⅵ，第 253 页）

作品是写作计划的死亡面具。（《本雅明文集》Ⅳ-1，第 107 页）

在艺术中，反思通过作为媒介的精神产品走向结构。（《本雅明文集》Ⅵ，第 117 页）

在《单行道》"注意台阶！"那一段，瓦尔特·本雅明写道："写一篇好的散文有三个台阶：一个是音乐的，在这个台阶上它被组织[1]；一个是建筑的，在这个台阶上它被建造；最后一个是纺织的，在这个台阶上它被织成。"（《本雅明文集》Ⅳ-1，第 102 页）但是，如果把这个模式理解为他的独特的工作方法，那是对他的思想和写作的多样性的错误认识。本雅明的写作不是公式化的，而取决于他想赋予个别文本的规模和意义。作品的完成阶段也表明没有秘密；它们表现出一种流畅的过渡，人们能经常看出先后。即使是遗物中已出版的作品，不少

---

[1] 作曲（德文：Komponieren）这个专业音乐术语的准确定义即"组织"，就是对素材进行整合、组装，创造性地安排与使用。

修改的痕迹也证明了它们还不是最后的成品，而是可以继续推敲的半成品。

在《客观的谎言》笔记Ⅰ里——那是一篇尚未写出的计划中关于《论谎言》的文章，其生命力表现在唯一一张笔记本纸页上那狭小的空间里（图8.1和图8.2）。从本雅明在笔记本上充满联想地记下最初的思想和意识的河流里产生了《试论布局》，这篇东西始终是个片段；接下来是图书馆学的说明、问题、可供利用的引语、提纲式的和详细的笔记，本雅明试图借助这些笔记，改变计划，完成论文的主题重点。

在《感觉的布局》里，写作进程是以完全不同的方式显示出来的.早期的手稿(图8.3)记录了对感觉这个主题的反思，为了自由地运用它们，本雅明将其合在一处。

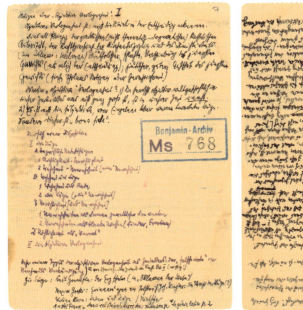

图8.1和图8.2　《客观的谎言》笔记Ⅰ（1922年或1923年），一篇未完成的关于谎言的论文笔记手稿2页（参见《本雅明文集》Ⅳ，第60~62页）

从不同的墨水颜色和手书笔迹的变化可以猜想，这些笔记不是在同一时间写下来的。本雅明会继续使用这些笔记，纸页左边边缘的许多记号可以证明——看看《单行道》中部分是逐字修改、部分是稍做修改之后被接受的几篇札记就知道了。

　　从内容更加丰富的杂文作品中也可以辨认出这种写作进程的相似之处：本雅

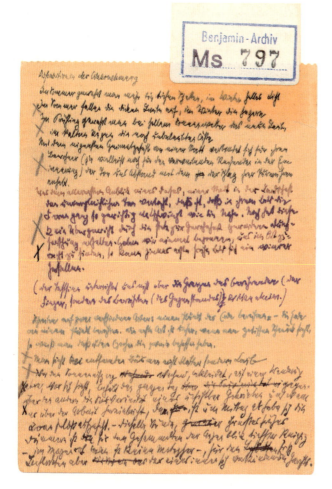

图 8.3　《感觉的布局》，早期《单行道》笔记
手稿 1 页（参见《本雅明文集》IV-2，第 938 页）

明认为在对它们进行构想的形象塑造时"一点儿也不可以勉强，而且（……）任何地方不得马虎对待"（《本雅明书信集》VI，第 136 页）。这种特殊的工作方式可以在 1934 年的那篇被看作典范的卡夫卡杂文中观察到。遗物中为他保存下来的大量准备工作证明了本雅明曾长期研究卡夫卡的作品。

在 1934 年的杂文中，他试图解释弗朗茨·卡夫卡的那部作品来自政治与神秘主义的紧张关系。这种关系的构想安排记录在积极搜集材料的工作中；大量的图表、编排和提纲式的构想，证实了他在探索性地找寻一种适当的表现形式。1934 年 10 月，他对朔勒姆报告了这样做的困难："将来我能否在任何时候拉紧我的弓，迅速地把箭射出去，当然暂时不去讨论。但是，当我的其他工作很快找到了术语时，在术语上我把它们区别开，我必将更持久地从事这项工作。为什么？因为弓的图像暗示我：在这里必须两头同时用力，也就是在政治和神秘主义两个方面用力。"（《本雅明书信集》IV，第 513 页及下页）

本雅明开始把最初的想法和反思记录下来，在审阅自己的和别人的文章时搜集母题（Motive）[1]、摘录需要领悟的引语：记录思想和保管材料同时进行。我们经常可以发现同一页纸上有不同的出处和形象，后来，在第二步中本雅明按照题材（Themen）对其进行分类并仔细地复制。于是他在研究卡夫卡著作"母题"的那一页纸上列出了十个"条目"（图 8.4）。

另一页纸上同样列表标出了杂文的母题，这些母题——类似"拱廊"的一览表——在后来审阅时被加上了字母的顺序符号。由此产生的这些母题顺序——本雅明没有对这些符号加以说明，而且一部分符号与后来的记号不一致——在那页

---

[1] Motive 意为动机、起因、题材，Leitmotive 意为主题，本雅明在这里把这两个词并列，明确了它们之间的主次关系。中文里 Motive 往往译为母题或主题，这就很容易与 Leitmotive 混淆。因此译者将前者译为"母题"（既是音译也是意译），而把后者译为"主题"，以示区别。

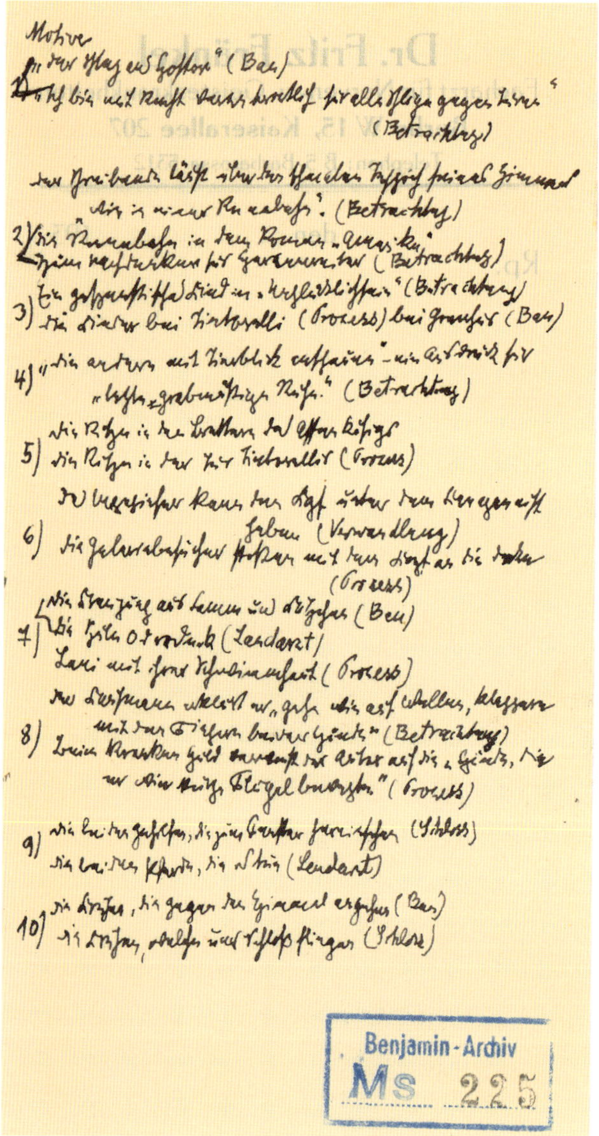

图 8.4　母题，《弗朗茨·卡夫卡》笔记（1934 年）
手稿 1 页（参见《本雅明文集》Ⅱ -3，第 1206 页及下页）

纸的右下方再次得以保留并重新做了改动。在右栏上面，本雅明在先前的"母题"对面写下了"主题"（Leitmotive）（图8.5）。另外一份手稿来源于早期的一捆笔记，在这份手稿里，他搜集了很多想法和引语。这儿打叉的地方证明那不是舍弃，而是一种向另一个工作阶段或者接受它进入从而完成文本过渡的想法（图8.6）。

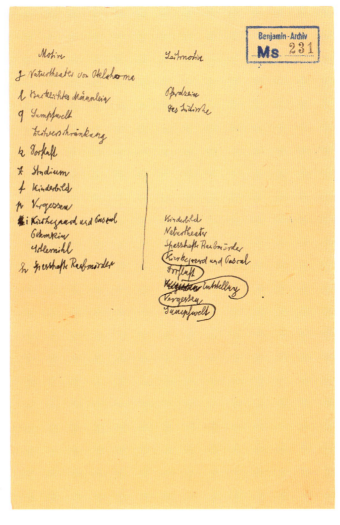

图 8.5　母题 / 主题，《弗朗茨·卡夫卡》笔记（1934 年）手稿 1 页（参见《本雅明文集》Ⅱ-3，第 1209 页）

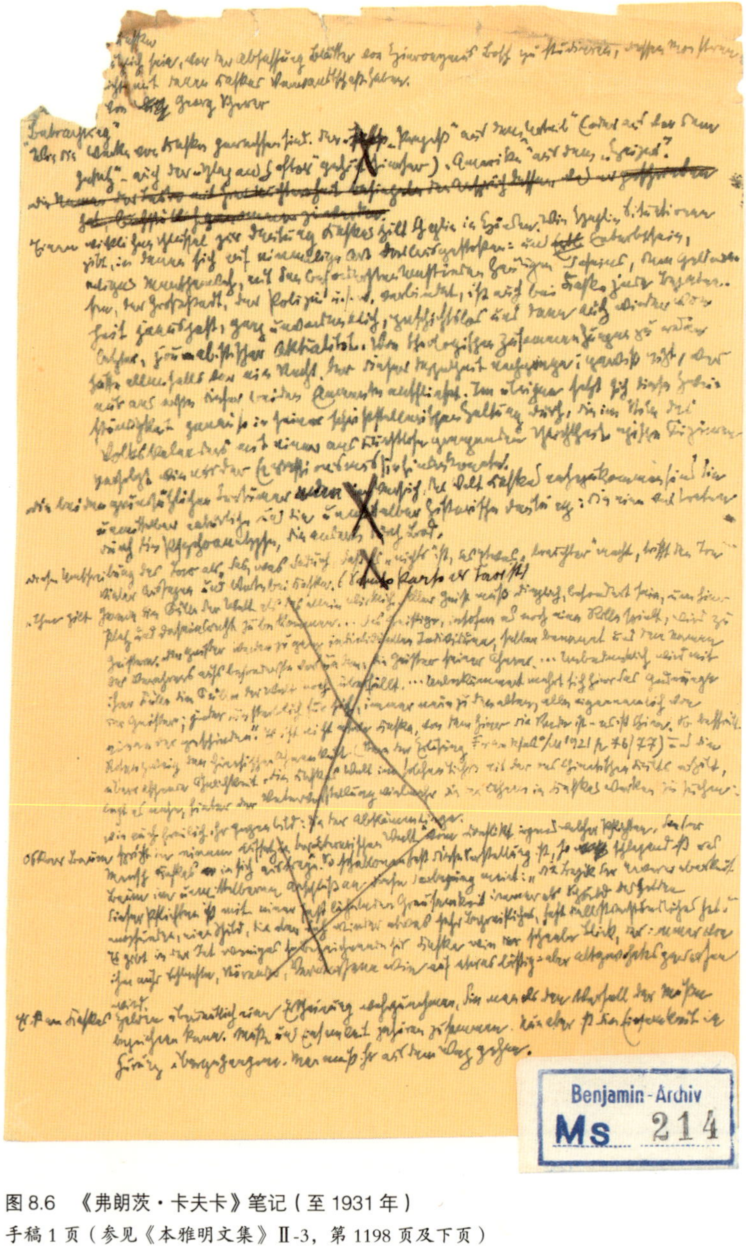

图 8.6 《弗朗茨·卡夫卡》笔记（至 1931 年）
手稿 1 页（参见《本雅明文集》Ⅱ-3，第 1198 页及下页）

本雅明把搜集来的题材上相近的资料分成若干组，因此接下来就是图解（Schemata）和布局（Dispositionen），最后产生论文的全部段落。一份论《卡夫卡的形象世界》的手稿就表现了这样的图解化（Schematisierung），这份手稿让人们认识了本雅明为了一连串的意念和母题、为了明确的分段和条理所做的努力（图8.7）。归入不同母题组的词条"波将金的故事""哈姆孙的故事"和"卡西迪的乞丐童话"构成了图解的几个中心。它们在自成一体的杂文中与"波将金"、以"哈姆孙的故事"开始的"驼背小人"以及以"卡西迪的乞丐童话"开始的"桑丘·潘萨"各部分取得一致。在纸页下面和背面写着备用

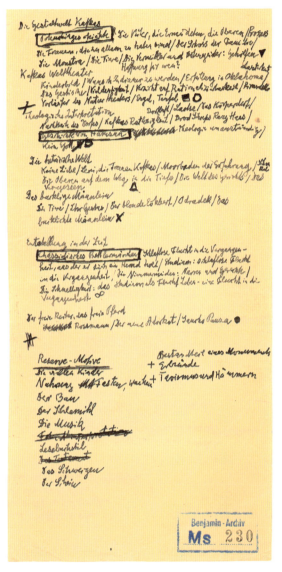

图8.7 《卡夫卡的形象世界》/备用母题（1934年），体现了早期杂文的图解化

手稿2页，复制第1页（参见《本雅明文集》II-3，第1207页及下页）

母题，估计本雅明仍然想尝试使它们成为一个整体。

除了单页纸上面的这篇文章之外，本雅明还使用了一种完全不同的技巧：使用纸条工作。他将纸页横着剪成各自写有一个母题或文本组成部分的纸条。此外，在关于卡夫卡的资料里就总共有约80张手稿纸条（图8.8）。这些纸条证明了本雅明的布局工作的复杂性：估计这是事情发生过程的思想收集和分组工作的结果，单个母题已经被草拟出来并杂乱地写在一张纸上。在纸张边缘的空白处，它们被有色的符号总结为一个个单位并用数字符号排列起来。然后——如有必要——就剪开那些纸页，这些单位也就能有形地放进计划的顺序里了。图8.9显示的这页纸，上面记录的顺序已经在很大程度上与本雅明所致力的文本相适应了（记号：蓝圈。先是5个，后来改成4个，再后来改成6个一次、7个一次），这就是只有这页纸下面的四分之一被剪掉的原因；接下来可能应该填补在这儿的一段（有8个蓝圈）显然在另外一页纸（图8.8）上。此外，可以看出单张纸条中的其他几张纸条属于另一篇文字。本雅明为一个新的顺序——这一次直接写在已经写好的字条上——进一步做了带颜色的象征符号，以便此后可以按顺序排列。

在借助手稿纸条完成杂文初稿之后，本雅明让人打出第一份打字稿，他也会将打字稿寄给像格肖姆·朔勒姆、维尔纳·克拉夫特、W. 阿多诺这样的朋友们。他在丹麦逗留期间也曾与贝托尔特·布莱希特讨论过。他们的反应以及他自己对有关资料的继续研究都被收进《别人的反驳与自己的反思卷宗》（《本雅明书信集》IV，第551页）里。在1934年12月发表于《犹太周报》上的杂文第二部分里，那些反驳与本雅明自己的反思都受到尊重。但本雅明也绝对不把自己的杂文视为不可更改的；他不想结束，更确切地说，他觉得"对这篇文章重新进行深入的研究，本来在文章暂时'最后'结束的瞬间就已经确定下来了"（《本雅明书信集》IV，第524页）。尽管本雅明做了多次努力，他从1935年就开始修改的这篇杂文的新

图 8.8 　《弗朗茨·卡夫卡》的准备工作（1934 年）

手稿 5 页（参见《本雅明文集》Ⅱ-3，第 1222~1245 页）

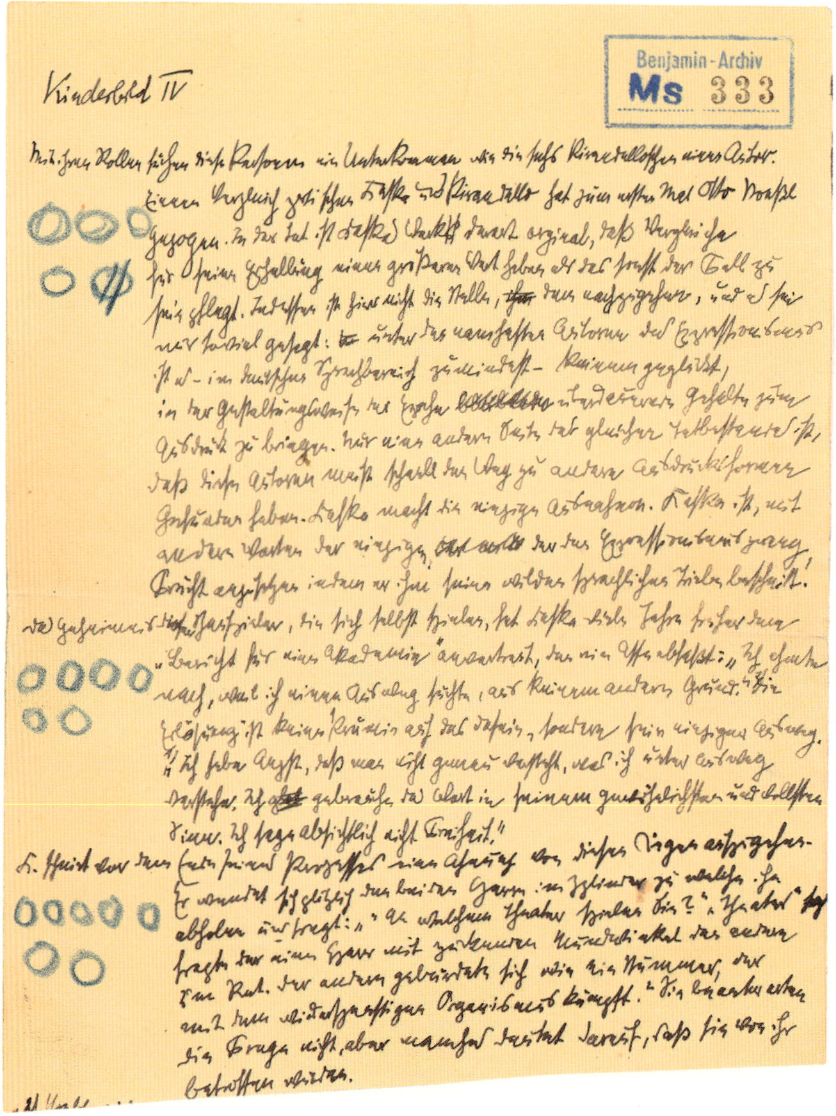

图 8.9 《儿童图像Ⅳ》，《弗朗茨·卡夫卡》笔记（1934 年）
手稿 1 页（参见《本雅明文集》Ⅱ-3，第 1230 页）

文本，却始终没有完成。

在分段过程中，他的思想形成的两极和语言的塑造，也是本雅明在《巴黎拱廊街》写作中竭力争取的东西。1935年，阿多诺对第一份草稿提出了书面批评，本雅明在"接受报告"中再次提起绷紧的弓的图像，同时他解释了这个来源，他希望从这个来源中汲取把箭射出去的力量："《巴黎拱廊街》的这两份草稿具有截然不同的关系。它们表现为命题与反命题。所以，这第二份草稿对我来说就是除了结束之外的一切。它的必要性建立在第一份草稿中现有的观点绝对不允许直接进入任何形象的基础之上，更不用说一种未经许可的'诗人的东西'了。所以，第一份草稿中的副标题'一出辩证的仙女剧'早就被舍弃了。现在我有了弓的两端，但还没有力量把它拉开。这种力量只有经过长期的训练才能获得，为此收集资料的工作就表现为其他元素之外的元素（……）这些其他元素是些什么东西呢？就是结构的元素。如果维（森格伦德）考虑反对分为若干章，那他就击中要害了。这种布局缺少的就是结构的因素。"（《本雅明书信集》V，第143页）

就其辩证的严谨和透明的形象来说，本雅明把他关于歌德的《亲合力》的那篇杂文的布局看作样板（图8.12）。他多次指出，要人们注意它的典范作用。布局记录了杂文的组织直至计划的各个段落的分支。它是用娴熟的书法记录下来的，没有更正，也没有补充；它的字形看起来完全是组织好的。它指点人们注意的不是正在编织的东西，而是已经建成的东西，它读起来不再是草稿，而是作为目录和结构模型。

乌尔苏拉·马克思　整理

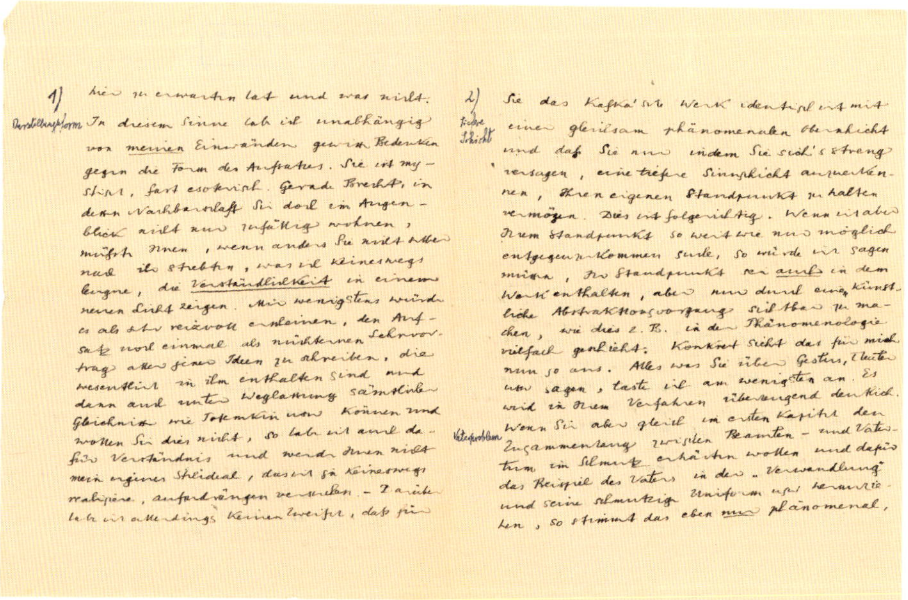

1) hier zu erwarten hat und was nicht.
Darstellungsform In diesem Sinne hab ich unabhängig
von meinen Einwänden gewisse Bedenken
gegen die Form des Aufsatzes. Sie ist my-
stisch, fast esoterisch. Gerade Brecht, in
dessen Nachbarschaft Sie doch ein Augen-
blick nicht nur zufällig wohnen,
müßte Ihnen, wenn anders Sie nicht selber
nach ihr strebten, was ich keineswegs
leugne, die Verständlichkeit in einem
neuen Licht zeigen. Mir wenigstens würde
es als sehr reizvoll erscheinen, den Auf-
satz noch einmal als nüchternen Lehrvor-
trag aller seiner Ideen zu schreiben, die
wesentlich in ihm enthalten sind und
dann auch unter Weglassung sämtlicher
Gleichnisse wie Potemkin usw. Können und
wollen Sie dies nicht, so hab ich auch da-
für Verständnis und werde Ihnen nicht
mein eigenes Stilideal, das ich ja keineswegs
realisiere, aufdrängen versuchen. – Darüber
hab ich allerdings keinen Zweifel, daß für

2) Sie das Kafka'sche Werk identisch ist mit
tiefere Schicht einer gleichsam phänomenalen Oberschicht
und daß Sie nur indem Sie sich's streng
versagen, eine tiefere Sinnschicht anzuerken-
nen, Ihren eigenen Standpunkt zu halten
vermögen. Dies ist folgerichtig. Wenn ich aber
Ihrem Standpunkt so weit wie nur möglich
entgegenzukommen suche, so würde ich sagen
müssen, Ihr Standpunkt sei auch in dem
Werk enthalten, aber nur durch einen künst-
lichen Abstraktionsvorgang sichtbar zu ma-
chen, wie dies z. B. in der Phänomenologie
vielfach geschieht. Konkret sieht das für mich
nun so aus. Alles was Sie über Gesten, Theater
usw sagen, taste ich am wenigsten an. Es
wird in Ihrem Verfahren überzeugend deutlich.
Vaterproblem Wenn Sie aber gleich im ersten Kapitel den
Zusammenhang zwischen Beamten- und Vater-
tum im Schmutz erhärten wollen und dafür
das Beispiel des Vaters in der „Verwandlung"
und seine schmutzige Uniform usw heranzie-
hen, so stimmt das eben nur phänomenal,

图 8.10 1934 年 9 月 16 日维尔纳・克拉夫特致瓦尔特・本雅明的信

两张对开双页纸上的手稿 8 页，复制第 2 页和第 3 页，有瓦尔特・本雅明的边注（参见《本雅明文集》Ⅱ-3，第 1167 页及下页）

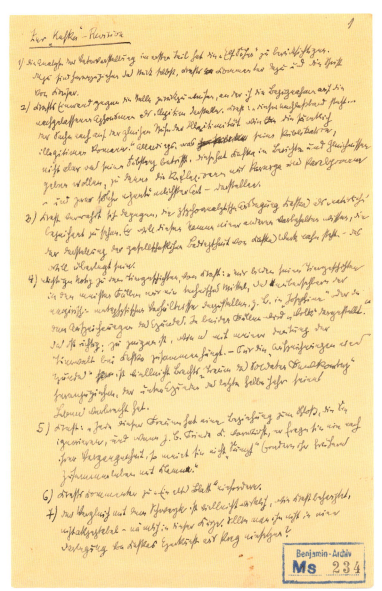

图 8.11　《弗朗茨·卡夫卡》修改稿，见《别人的反驳与自己的反思卷宗》
手稿 7 页，复制第 1 页（参见《本雅明文集》II-3，第 1248 页及下页）

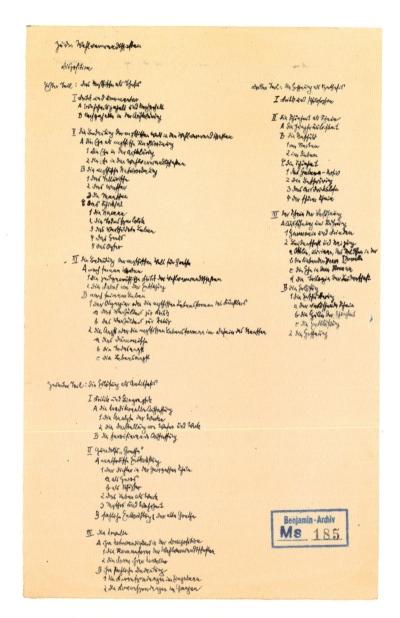

图 8.12 《论亲合力·布局》（约在 1921 年和 1923 年）
手稿 1 页（参见《本雅明文集》Ⅰ-3，第 835~837 页）

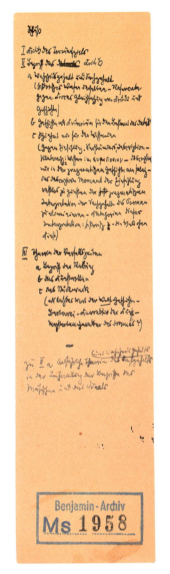

图 8.13 和图 8.14　写在德国国家图书馆还书提醒通知单背面的对《德国悲剧的起源》计划结尾的早期图解，注明日期是 1924 年 4 月 10 日

手稿 1 页，背面（参见《本雅明文集》I-3，第 920 页）

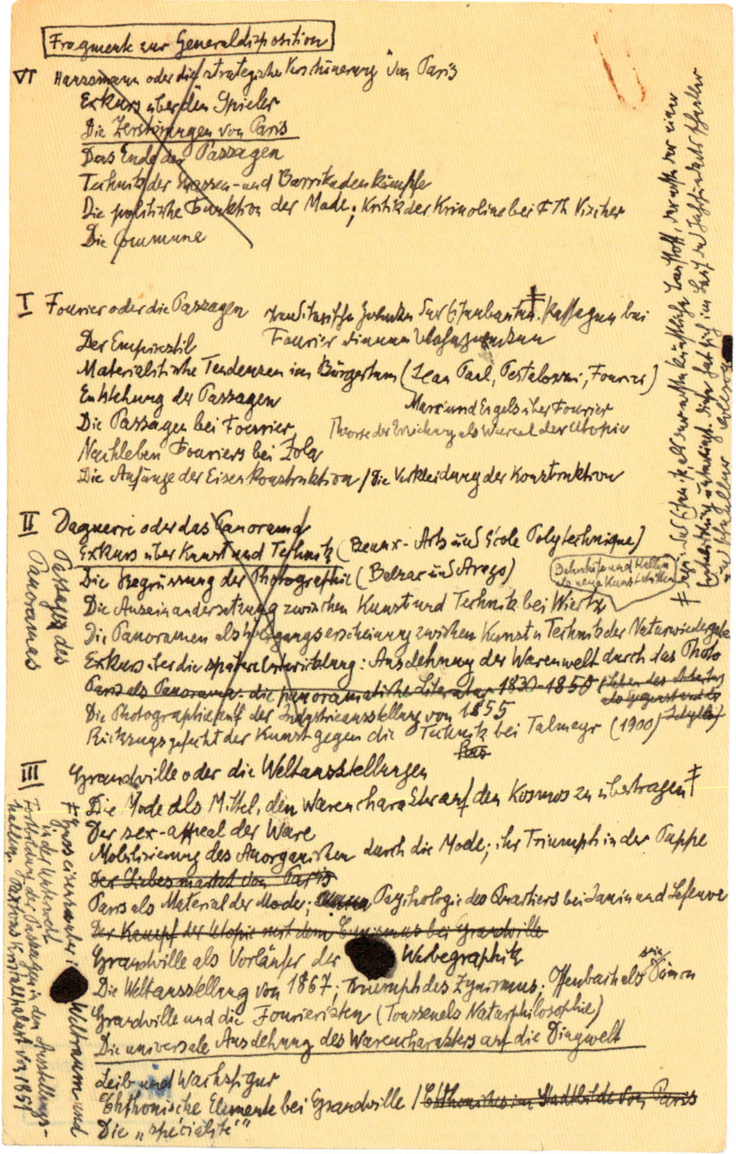

图 8.15　总布局的片段：《巴黎，19 世纪的首都》草稿的布局（1935 年）
手稿 1 页（参见《本雅明文集》V-2，第 1221 页及下页）

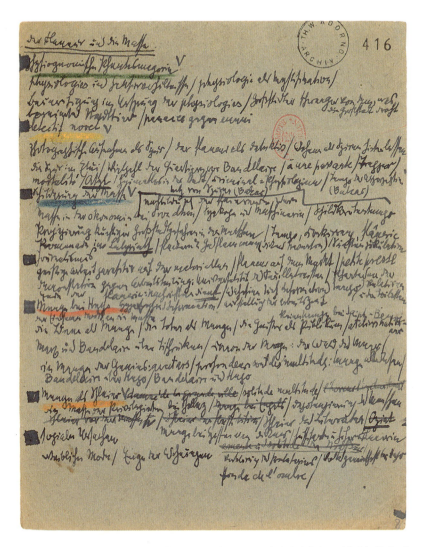

图 8.16 "游手好闲者与大众":《夏尔·波德莱尔——一位发达资本主义时代的抒情诗人》的母题分组

手稿 1 页

星座的位置

图解的形态

后来有一天，他带领瓦雷里 [1] 最早来到《掷骰子》[2]《请您注意观看并说说，我是不是疯了》（人们知道的是 1914 年他死后的这个版本。那是一本很薄的四开本书，似乎没有规则，行距很大，就是一些不同字体的词句分布在纸页上）的手稿面前。马拉美在肯定是传统文献结晶建构严肃思考中看到了未来者的真实图像，在这里他第一次（作为纯粹的诗人）将报刊广告版画的紧张关系加工成文字图像。（《本雅明文集》IV-1，第 480 页）

本雅明在手稿的图解形态上没有缺少仔细地运用美工设计。正如他经常仔细考虑自己的文章和书籍的结构、布局那样，他认为一个页面的比例和结构也很重要。使眼睛感到舒适也属于写作者的审美感。不仅誊清文字和书法造型的页面，而且地貌学的关系、空间的划分、视觉的安排和分配，都是引人注目的。遗

---

[1]　保尔·瓦雷里（Paul Valéry，1871—1945），法国诗人，象征派大师，法兰西学院院士。

[2]　《掷骰子》全名《骰子一掷取消不了偶然》（*Un coup de dés jamais n'abolira le hasard*），是法国象征主义诗人和散文家斯特芳·马拉美（Stephane Mallarme，1842—1898）晚年（1897）创作的一首"别出心裁的自由诗"，也是马拉美最令人困惑的一首诗。《诗与散文》、诗集《徜徉集》、长诗《希罗狄亚德》（1875）和《牧神的午后》（1876）是他的代表作。梁宗岱曾将此诗译为《骰子的一掷永不能破除侥幸》（载于 1936 年《大公报》）。

物中大量的纸条和纸页，证实了针对图解材料、空间尺寸比例和造型的意义。适应版画的图像是本雅明写作的特征。

本雅明一再提及马拉美，马拉美的《掷骰子》废除了传统的一行行印刷图像的线性文本呈现。白底黑字，有节制地分配书页，诗的词汇走进充满张力的星座位置：按照马拉美的想法就是星座的底片。《单行道》中的"宣誓审计员"（《本雅明文集》IV-1，第102页），暗示了马拉美的工作方法与流行起来的广告的一致：一种视觉的诗的令人惊讶的角度。

本雅明的许多手稿都超越了线性的标准，松动了文字的方向意义——有几份手稿还被赋予了词汇和词组图像的特征。一份题为《夏尔·波德莱尔》的手稿（图9.1）就出现了八组图像；本雅明在结构上给每一组让出了一块地方，每一组的倾斜度都与别的组不同。空间的紧密、布局和书写方向的接近促成了它们之间的联系。于是，四个题材模块（"波德莱尔的接受""波德莱尔与自己著作的关系""继续产生影响的发酵剂"和"说明接受理由的开端"）通过共同的书写方向联系起来。为杂文《论普鲁斯特的图像》安排的词目也被允许看作星座的位置（图9.2）。这里题材组被框了起来，并且本雅明用线将它们相互连接。

为《卡尔·克劳斯》那篇杂文的分段所做的努力，被记录在总体布局的草图中。这种结构尝试之一（图9.3）构成了一个多中心的网格：由删除线、线条、方框、字母、词汇和数字组成的繁杂形象。在"第三部分的母题"下面强调了五个中心母题："爱罗斯""演员""正义""诗"和"残酷无情的人"。这五个词目在各自周围又集合了三个或者四个词目，其中有几个词目甚至跨越小组与其他组联系在一起。本雅明把词目框起来并通过阴影线把中心词目标出来。这样一种符号形象只有在真迹复制品中才能适当地得以再现。

1934年5月22日，本雅明在朋友弗里茨·弗兰克尔医生的监督下，从他经受

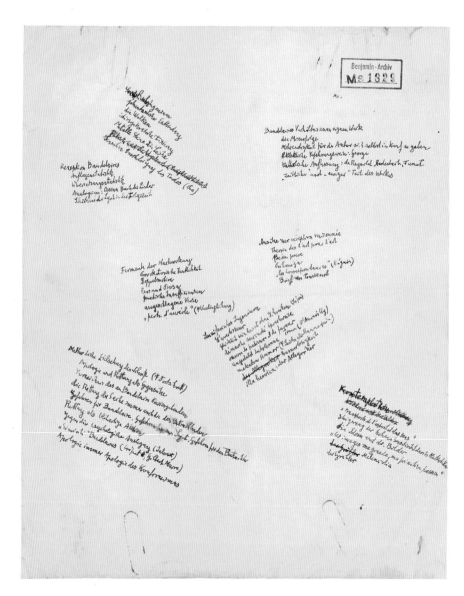

图9.1 《夏尔·波德莱尔》的题材
手稿1页

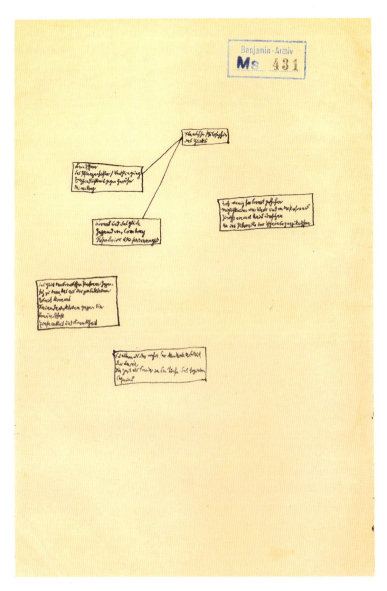

图 9.2 《论普鲁斯特的图像》词目（1929 年）
手稿 1 页（参见《本雅明文集》Ⅱ-3，第 1060 页）

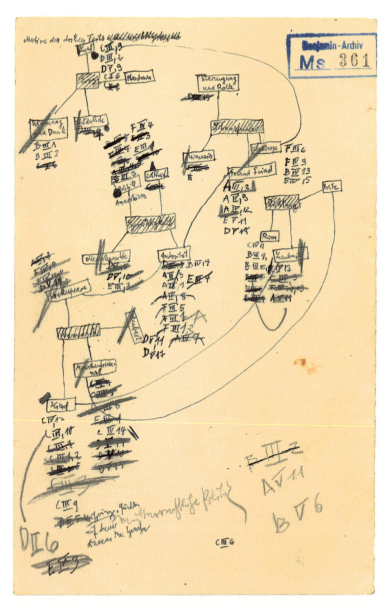

图 9.3　为了写《卡尔·克劳斯》一文的布局笔记（1930 年），"第三部分的母题"手稿 1 页

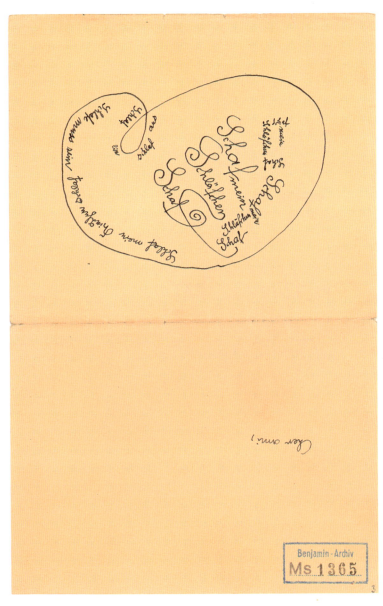

图 9.4　催眠曲图样（1934 年 5 月 22 日）
1 页（参见《本雅明文集》Ⅵ，第 611 页）

的一次吸食名叫墨斯卡灵[1]的毒品的试验中得出了一根大弧形线条（图9.5）。催眠曲的歌词——睡吧，小孩儿，睡吧；睡吧，我的宝贝儿，入睡吧——被翻来覆去地唱着。通过多种多样的书写方向和抓取空间的曲线、拖拽、蛇形和螺旋形线条，书写获得了花纹装饰的特征。在一个由环线构成的胚胎形象的内部，书写表现在回归图画的道路上。

在本雅明身上，椭圆的形象出现在不同的关联中——这种关联不仅是修辞学的。他写道，"卡夫卡的作品是一种椭圆，它的遥遥相对的焦点，一方面受神秘主义经验（首先是传统的）影响，另一方面受现代大城市人的经验影响"（《本雅明书信集》VI，第110页）。它们与本雅明的思想、唯物主义和神学中遥相对应的焦点取得了一致。这位辩证的思想家把椭圆理解为充满张力的分离形象。在一个论《卡尔·克劳斯》的椭圆模式中，"爱罗斯"和"语言"、"赤裸裸的精神"和"赤裸裸的性"之间的关系被辩证地绷紧了（图9.7）。

本雅明在不同的情况下也使用并列的坐标十字。"坐标示意图在最佳的情况下有十一种概念：四个表示轴的终点，四个表示场，两个表示轴，一个表示切点。"（《本雅明文集》VII-2，第764页）本雅明在伊维萨岛上为玛丽埃塔·诺埃格拉斯画的"成功的罗盘"（图9.8）是由四个终点有说明文字的轴构成的，由此也就产生了次要的方向。类似罗盘的示意图是关于杂文《卡尔·克劳斯》的示意图形象（图9.6）。视觉模型、示意图和图表在本雅明那里首先出现在准备写杂文的时候：试图确定写作和思维的方向。

米夏埃尔·史华兹　整理

---

[1]　墨斯卡灵（Meskalin），一种仙人球毒碱，可作致幻剂用。

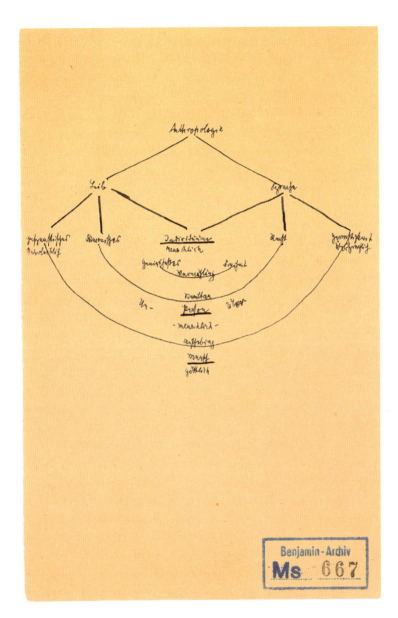

图9.5 《人类学》示意图

1页（参见《本雅明文集》VI，第64页）

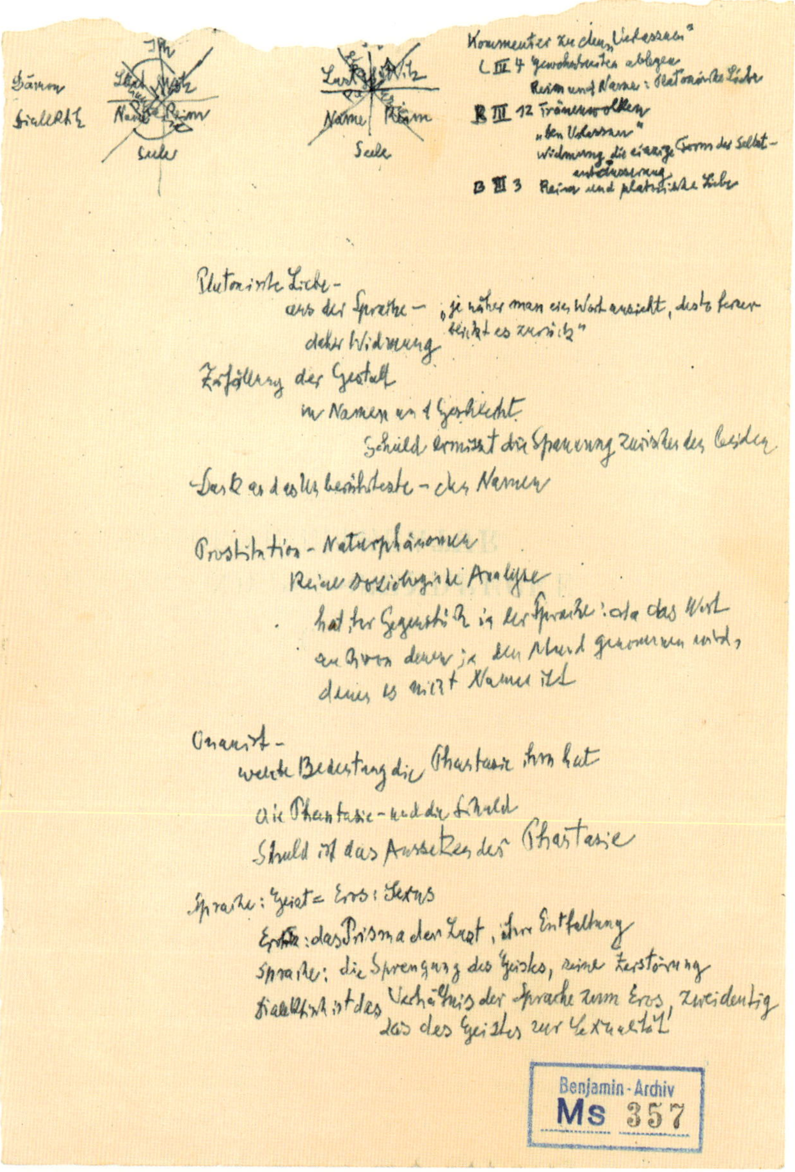

图 9.6　《卡尔·克劳斯》的笔记和示意图（1930 年）
手稿 1 页

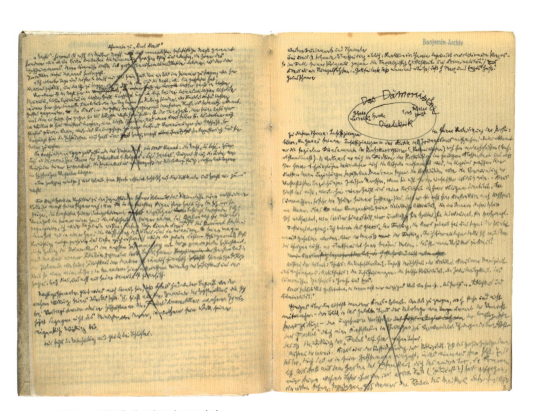

图 9.7 《卡尔·克劳斯》的示意图（1930 年）
笔记本中的本雅明手稿，编号 674（参见《本雅明文集》II-3，第 1091~1094 页）

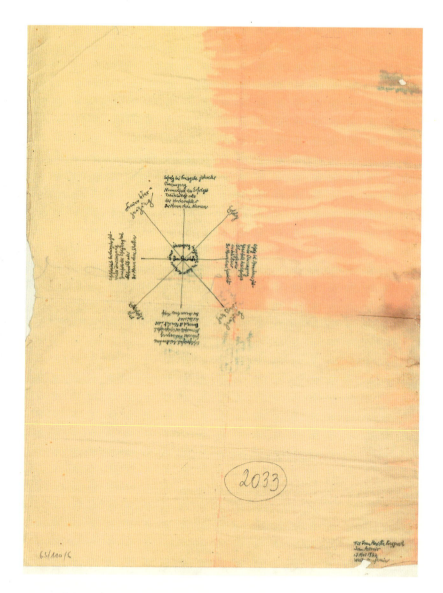

图 9.8 《成功的罗盘》的没有笔记的片段。右下边缘写有"献给玛丽埃塔·诺埃格拉斯／圣安东尼奥／1932 年 5 月 17 日。瓦尔特·本雅明"

手稿，约尔克·莱茵韦伯收藏；1 页

成功的罗盘

背弃任何信念时的成功。成功的正常情况：赫列斯达可夫[1]或者大骗子。——大骗子像算命先生那样随机应变。Mundus vult decipi（拉丁语：这个世界愿意被欺骗）。他甚至选择自己的名字以取悦于世界。

接受任何信念时的成功。成功的天才情况：帅克[2]或者幸运儿。——幸运儿是一种老实人，他愿意做一切正确的事情。汉斯[3]在幸福之中与每个对此有兴趣的人交换。

接受任何信念时的不成功。不成功的正常情况：布瓦尔和佩居谢[4]或者庸人。——庸人是从老子到鲁道夫·斯坦纳[5]的任何信念的殉道者。但对每一个人来说，这都"只是一瞬间的四分之一"。

背弃任何信念时的不成功。不成功的天才情况：卓别林或者施莱密尔[6]。——施莱密尔对任何事物都不反感，他只是跌跌撞撞地走着。他是唯一关心地球的和平天使。

这是用来确定一切顺风与逆风的罗盘，逆风拿人的生命戏耍。我们除了测定

---

[1]　赫列斯达可夫，果戈理的名著《钦差大臣》中的十二级小官，纨绔子弟，骗子。

[2]　帅克，捷克作家哈谢克的代表作《好兵帅克》中的主人公。

[3]　汉斯，出自《幸福的汉斯》，是《格林童话》中的一篇，写汉斯的幸福观。

[4]　《布瓦尔与佩居谢》，法国作家福楼拜的最后一部作品。故事的主人公是两个老年人——布瓦尔和佩居谢，他们都是誊写生。一个偶然的机会使他们在巴黎相遇、相识，从此不愿分开。他们中间一人继承了遗产，得了一大笔钱。于是二人决定不再工作而一起到乡下去生活，搞科学研究。他们先学农、种瓜果、蔬菜，又酿酒、制作罐头，研究人体结构、给人治病，还学天文、考古，搞一门，扔一门，什么都没搞成功，最后还是回去做誊写生。

[5]　鲁道夫·斯坦纳（Rudolf Steiner，1861—1925），人智学创始人，博学家。

[6]　施莱密尔，德国作家霍夫曼作品中那个失去影子的人。

风的中心、轴的交点，对成功与否的地方漠不关心之外就什么也没有了。堂吉诃德在这个中心里感到如鱼得水，他的故事教导我们说，在这个可以想象的一切最好的或者最坏的世界上，他是唯一有信念的人——恰恰只有这种信念是难以想象的。这种信念可能是真实的，它存在于骑士文学的书里。如果信念只是那个傻瓜唯一的东西，它会使一个被鞭笞的傻瓜感到幸福。（《本雅明文集》IV-1，第 405 页及下页）

捡破烂

拱廊计划

"这个男人负责把首都前一天的垃圾捡拾起来。那是这个大都市抛弃的一切、丢失的一切、鄙视的一切和打碎的一切——他查对放荡行为的档案、残留物的迦百农[1]；他将那些东西分门别类，用心挑选；他像捡拾财宝的吝啬鬼那样对待并盯着那些在工业女神嘴巴里呈现为有用或享乐品形式的垃圾。"[2]这段描写是唯一一处按照波德莱尔的心意展开的对诗人工作方法的隐喻。捡破烂者或者诗人都涉及残留物。（《本雅明文集》V-2，第582页及下页）

这种工作方法就是：文学的蒙太奇。我没有什么可说的，仅仅向人们出示它。我将不会把任何精神充盈的表达据为己有，也不盗窃任何有价值的东西。但破烂、垃圾，不想描写它们，而是出示它们。（《本雅明文集》V-2，第1030页）

路易·阿拉贡[3]的《巴黎农民》一书对歌剧院拱廊的描写，使本雅明感到很兴奋，

---

[1]　迦百农（Capharnaum）是《圣经》中的地名，系加利利海附近的一个地方，在西布伦和拿弗他利的边界上，今已成废墟。据称耶稣开始传道时，即迁居此地（参见《新约全书·马太福音》第4章第13~17节）。这里指"圣地"。

[2]　这段译文译自德文，译者曾经请校友师兄、法文教授郑鹿年先生对照过法文原文。

[3]　路易·阿拉贡（Louis Aragon，1897—1982），法国现实主义作家、诗人。1924年与布勒东（A.Breton）和苏波（Soupault）同为法国超现实主义文学小组创始人，1931年与这个小组分道扬镳。

他和朋友弗朗茨·黑塞尔一起，也开始准备为一家杂志撰写关于拱廊的文章。这篇文章最终没能完成。一个黑色皮面小笔记本证明本雅明从1927年年中起就在做《巴黎拱廊街》的笔记（图10.1）。关于这个题材的杂文是由本雅明计划的，所以这个计划在后来的方案中得到扩展。1935年5月，他致信阿尔弗雷德·科恩，说他在中断了多年之后，又重新捡起"所谓《巴黎拱廊街》这个计划，自从七八年前开始这项工作以来，它从未像现在这样被热心地推动过，正如我相信的那样，这是一个伟大的、重新融合的过程，同时，整个初始的、直接而又形而上地组织起来的大量想法，被转化为一种适合于当今存在的组合状态。现在，这篇论文全面的中断（见图10.2），使人看到了这部书的本来特征。至于这部书是否曾经写成，当然现在比以往任何时候都更加可疑。但有一点相当清楚，那就是它可能比我早先估计的规模更大，而且不会成为一部被过分雕琢的书。连旧的题目《巴黎拱廊街》也省去了。现在，这部书叫作《巴黎，19世纪的首都》"（《本雅明书信集》V，第102页）。正如悲剧[1]那部书探讨17世纪的德国那样，这部新书探讨的应该是19世纪的法国。本雅明想通过阐释具体的历史现象——建筑、时尚、广告、卖淫或者摄影——展示一种他所生存之世纪的历史哲学建构。

关于这部计划中的书，摆在本雅明面前的是占压倒性优势的引文汇编。关于《巴黎拱廊街》的大量札记和资料手稿，一种摘录以及本雅明自己哲学思考片段的汇合，满纸都是捡来的东西，他在法国国家图书馆把它们从分散的、常常很冷僻的出处捡拾到一起。作为捡拾的阅读，拱廊资料也构成了一个收集的空间。本雅明从大量的书籍、文章和传单——来源目录包含850个题目——进行了摘录并抄进自己的手稿，把断简残篇汇集到一起。一页又一页（总共426页）纸上写满了挑选的

---

[1] 指《德国悲剧的起源》。

语录，他用自己的反思、纲领性的笔记、评论性的阐释片段把它们从头到尾连接起来。

其中一个片段是被摘录的夏尔·波德莱尔关于小厨柜的描写："'Voici un homme chargé de ramasser les débris d'une journée de la capitale. Tout ce que la grande cité a rejeté，tout ce qu'elle a perdu，tout ce qu'elle a dédaigné，*tout ce qu'elle a brisé*，*il le catalogue*，*il le collectionne*. Il compulse les archives de la débauche，le capharnaüm des rebuts. Il fait un triage，un choix intelligent；il ramasse，comme un avare un trésor，les

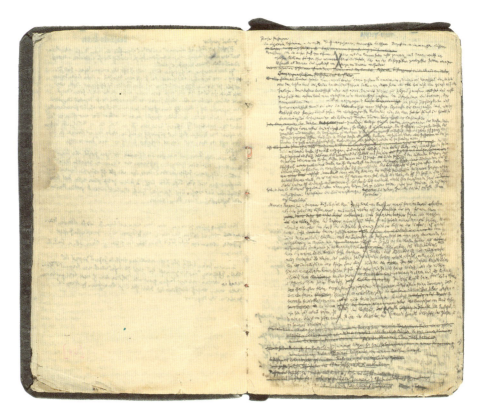

图 10.1　最早的关于《巴黎拱廊街》的笔记（1927 年）
"黑皮笔记本"中的手稿，复制第 16 页右边（参见《本雅明文集》V-2，第 993~995 页）

I. Fourier oder die Passagen.

Benjamin-Archiv
Ts / 816

"De ces palais les colonnes magiques
A l'amateur montrent de toutes parts
Dans les objets qu'étalent leurs portiques
Que l'industrie est rivale des arts."

Nouveaux tableaux de Paris. Paris 1828, p.27

Die Mehrzahl der pariser Passagen entsteht in den anderthalb Jahrzehnten nach 1822. Die erste Bedingung ihres Aufkommens ist die Hochkonjunktur des Textilhandels. Die magasins de nouveauté, die ersten Etablissements, die grössere Warenlager im Hause unterhalten, beginnen sich zu zeigen. Sie sind die Vorläufer der Warenhäuser. Es war die Zeit, von der Balzac schrieb: "Le grand poème de l'étalage chante ses strophes de couleur depuis la Madeleine jusqu'à la porte Saint-Dénis". Die Passagen sind ein Zentrum des Handels in Luxuswaren. In ihrer Ausstattung tritt die Kunst in den Dienst des Kaufmanns. Die Zeitgenossen werden nicht müde, sie zu bewundern. Noch lange bleiben sie ein Anziehungspunkt für die Fremden. Ein "Illustrierter Pariser Führer" sagt: "Diese Passagen, eine neuere Erfindung des industriellen Luxus, sind glasgedeckte, marmorgetäfelte Gänge durch ganze XXXX Häusermassen, deren Besitzer sich zu solchen Spekulationen vereinigt haben. Zu beiden Seiten dieser Gänge, die ihr Licht von oben erhalten, laufen die elegantesten Warenläden hin, so dass eine solche Passage eine Stadt, ja eine Welt im Kleinen ist." Die Passagen sind der Schauplatz der ersten Gasbeleuchtung.

25

图 10.2 《巴黎，19 世纪的首都》（1935 年）
中断前的打字稿（副本）21 页，复制第 1 页（参见《本雅明文集》V-1，第 45 页）

图 10.3　吉塞勒·弗洛恩德，瓦尔特·本雅明在法国国家图书馆里（女摄影家在照片背面注明的日期：
1939 年）

照片，藏西奥多·W.阿多诺档案馆，美因河畔法兰克福

ordures qui，remâchées par la divinité de l'Industrie，deviendront des objets d'utilité ou
de jouissance.'（Du vin et du haschisch Œuvres I 249/50）[1] 波德莱尔从捡破烂者身上
重新认识了自己，正如他从 1851 年的这篇散文描述中挑选出来这段那样。"（《本
雅明文集》V-1，第 441 页）而本雅明也在捡破烂者这个人物身上重新认识了自己。

---

[1]　"这个男人负责把首都前一天的垃圾捡拾起来。那是这个大都市抛弃的一切、丢失的一切、鄙视
的一切和打碎的一切——他查对放荡行为的档案、残留物的迦百农；他将那些东西分门别类，用心挑选；
他像捡拾财宝的吝啬鬼那样对待并盯着那些在工业女神嘴巴里呈现为有用或享乐品形式的垃圾。"（本
雅明：《葡萄酒和大麻》，见《本雅明文集》第 I 卷，第 249~250 页。）

"他把大城市打碎的一切，制成了卡片并收集了起来。"——本雅明在他的法语语录中的这句话下面画了线（图 10.4）。捡破烂者的档案工作与他自己的工作有亲缘关系：拱廊计划想收集历史的残留物。像可怜的、负重的人聪明而有选择地挑拣往日首都的垃圾那样，唯物主义的历史学家也在把历史鄙视的东西和残余分门别类。在图书馆里与他有关的不是被承认的有价值之物，而是历史的废弃物。废料应该显著地表现在关系里，为了获得一个新的历史观点，断简残篇应该被加以利用。本雅明构想出的这篇关于 19 世纪的文章就是废物利用。

收集这些札记和资料的手稿可能是从 1928 年秋天或者冬天开始的。1929 年年初本雅明中断了这个工作，1934 年年初重新开始。他在流亡巴黎时写信给葛蕾特尔·卡尔普鲁斯："为了这些拱廊的纸页，现在我有一个小小的奇怪请求。自从我抄录了大量的纸页作为研究的基础以来，我总是使用同一种纸，也就是那种通常的白色 MK[1] 活页薄信笺纸。现在我的储备已近枯竭，我很想使这规模宏大而又细心的手稿保持同样的外观。你能不能让人给我寄一本这样的信笺呢？"（《本雅明书信集》IV，第 330 页）手稿里的纸也证实了仔细而又连贯的同一种形式。本雅明把它们从中间折叠了一下，由此就产生了一种对开的形式，他总是在第 1 页和第 3 页左边一栏书写。他使用纸张的原则是，右边一栏——本雅明通过折线做记号——基本上都没使用（如果那儿没有书写引用的格言的话）。书写的左栏页面上边总标有一个字母顺序符号（如 J 68，见图 10.4）。

早在撰写《德国悲剧的起源》时，本雅明就极其缜密地用大量收集来的引文来做准备："单是我就拥有大约 600 条以上的引文，当然都整整齐齐，一目了然。"（《本雅明书信集》II，第 433 页）此外，本雅明累积的可供使用的引文还有很

---

[1]　马克斯·克劳泽公司出品的活页纸簿。

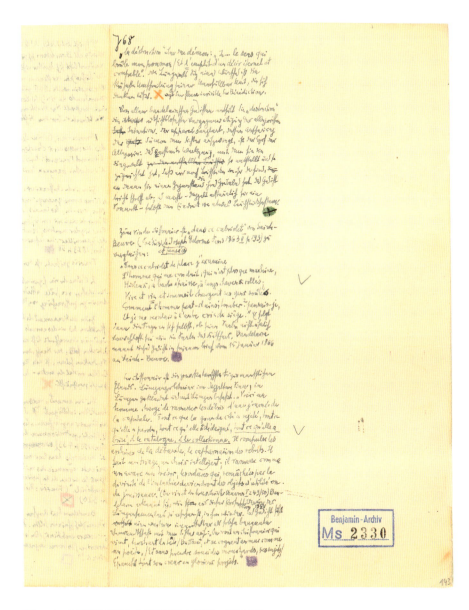

图 10.4 《巴黎拱廊街》札记和资料（1928—1940 年）
426 张双页，复制第 J 68 页（参见《本雅明文集》V-1，第 440~442 页）［德文原书的封面即采用此页］

多很多，而且都清清楚楚。本雅明将那些资料按照题材预先分类，编成若干卷。他在每一卷上都注明字母顺序，以便根据字母顺序查找。有关卷册上标着缩写符号的第一个字母，例如，J（J 68 卷）是关于波德莱尔的。这样的资料卷宗最后共有三十六卷。一份本雅明制作的一览表（图 10.5 和图 10.6）提及了它们，并以此为要写的著作构成了一个题材目录。这个表分为两页，分别用大小写字母标明了各卷的标题。引人注目的是某些小写字母之间的空白，显然那是为可能继续添加的卷宗而保留的地方。

计划的《巴黎拱廊街》著作草稿没有完成。它没能完成，在收集者手中破碎了。本雅明收集得越多，资料表现出来的可能性离他就越远。1937 年波德莱尔的重点也转移了。他曾经有一个计划，写一本关于诗人的书作为《巴黎拱廊街》的"小样板"。为此目的，本雅明审阅了《巴黎拱廊街》一书的手稿，并用彩色笔在他觉得对波德莱尔计划很重要的笔记上做了标记。在使用彩笔的时候，他发展出一种颜色密码、一个符号系统，在《夏尔·波德莱尔》一书中要处理的题材被列入那个系统。所以 J 68 那一页上带黑十字的绿色椭圆就意味着"比喻"。这个比喻应作为计划著作第一部分的题目。这部著作本雅明没有写完——论波德莱尔的那本书也只是个片段。

米夏埃尔·史华兹　整理

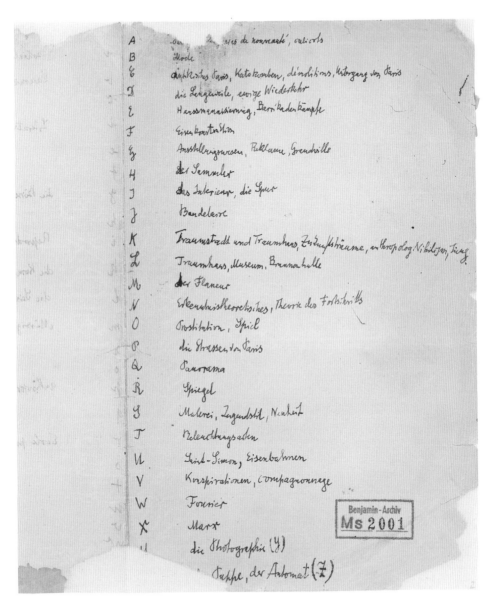

图 10.5 和图 10.6 《巴黎拱廊街》卷宗手稿一览表
手稿 2 页（参见《本雅明文集》V-1，第 81 页及下页）

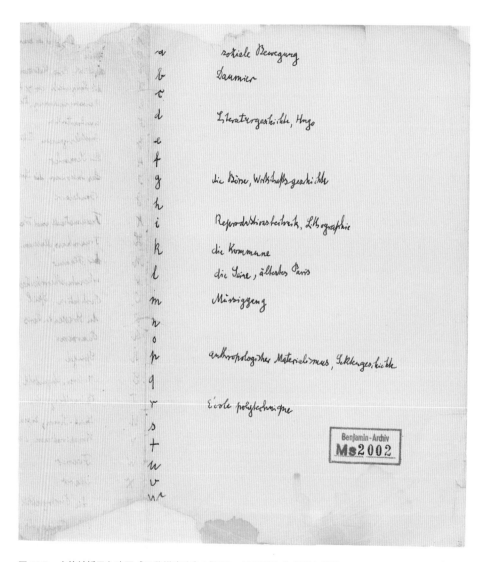

图 10.7 （前封折里）改写《巴黎拱廊街》/《夏尔·波德莱尔》的彩色符号
本雅明用别针把这张纸条别在《巴黎拱廊街》资料卷宗上。这里集中了有关卷宗里使用的符号

变成空间的过去

拱廊和室内

这里，人们像观察收藏家手中的财富那样观察巴黎的拱廊。（《本雅明文集》V-1，第 272 页）

收藏家是室内的真正居住者。（《本雅明文集》V-1，第 53 页）

"我没有什么可说的，仅仅向人们出示它。"（《本雅明文集》V-2，第 1030 页）这可能是摄影师的一句口号，也可能是杰曼·克鲁尔（1897—1985）说的。本雅明认识她是在 1926 年或 1927 年。他们的关系好像直到 1937 年才显得比较亲密（在这年 4 月，本雅明请弗里德里希·鲍劳克向女摄影师转告他的地址）。本雅明收到的克鲁尔写给他的信——和本雅明写给她的信，除了一封之外，全部下落不明——时间从 1937 年 10 月延伸到 1938 年 10 月，他们首先为《疯狗》（Chien-fou）这部带有自传特征的书稿进行了努力，克鲁尔希望为这本书找一个出版人。

杰曼·克鲁尔因 1928 年年底在巴黎出版的摄影集《金属》（Métal）而声名鹊起，那是一本工业摄影系列的摄影集，包括工程、吊车、大桥结构和钢梁（埃菲尔铁塔）等。在关于超现实主义杂志的一篇简短报道中，本雅明第一次提到她。对他来说，克鲁尔是摄影的先驱。在《摄影小史》的一个章节里，他一口气把她与奥古斯特·桑德尔和卡尔·布劳斯菲尔德的名字并列。桑德尔、克鲁尔和布劳斯菲尔德代表了一种摄影,这种摄影在现实身边建立起一种"相貌的、政治的和科学的兴趣"(《本雅明文集》 Ⅱ-1,第 383 页)。当《摄影小史》1931 年在《文学世界》上发表的时候,他们的摄影作品也被翻印,其中有两幅克鲁尔的作品(图 11.14 为其中一幅)。这两幅摄影作品,估计本雅明有它们的照片,但在他的遗物中却没有找到。现存的杰曼·克鲁尔拍摄的照片一共有 13 张。其中 9 张出自 1928 年,都是拱廊的照片,主要是装饰的橱窗或者店铺的正面。另外还有 4 张(图 11.10 至图 11.13),表现的是未加美化的城市物质现实的局部:房屋的正面和街道、衰败的后院、破损的墙、令人感到压抑的角落——单个的人会在这之间迷失。这些照片展示了一个石头世界的细节,记录了城市的灰暗、寒酸和平庸,紧紧抓住了衰败与苍老的忧伤痕迹。

剥落的后院、损坏的楼房正面、橱窗里的假发或紧身胸衣早在尤金·阿杰特 (Eugène Atget,1857—1927) 那儿就已经被作为摄影题材,克鲁尔用摄影记录了它们。20 世纪 20 年代,超现实主义发现了这些母题。1926 年阿杰特的照片发表在《超现实主义革命》(La Révolution Surréaliste) 上。不到一年之后,克鲁尔的橱窗玩偶就出现在超现实主义杂志《品种》(Variétés) 上,有几张就直接放在阿杰特的同类照片旁边。他们的橱窗提供了异化的时尚图片和梦幻般的场景:刺眼的涂脂抹粉的玩偶、有趣而又使人心烦意乱的雷同、人的躯干、松动的头颅和分离的人体部分。

克鲁尔的巴黎拱廊是死亡建筑物的图片——一种过去的建筑形式,陈旧而且过时。对于已经消失的旧时尚之物来说,女摄影师试图为怀旧的目光赢得一个新的视角。她的拱廊变成了符号的空间,很少能(隐隐约约地)看到人——是的,变成了神秘而又混乱的路牌之林。使用非同寻常的视角、最引人注目的也许就是那张钟楼印刷所 (Imprimerie de l'Horloge) 的照片(图 11.4)了,它的拍摄角度是垂直的,也因照片剪裁的选择而使人感到陌生。在这幅照片中具有决定性意义的是时钟的出现。而钟表多次重新回到照片中。它们指示着为拱廊敲打的时辰:静止的时间图片。

图 11.1 杰曼·克鲁尔摄影作品：通向杜邦索拱廊的入口

图 11.2　杰曼·克鲁尔摄影
作品：杜邦索拱廊

图 11.3　杰曼·克鲁尔摄影作品：杜邦索拱廊

图 11.4　杰曼·克鲁尔摄影作品：两姐妹拱廊，钟楼印刷所

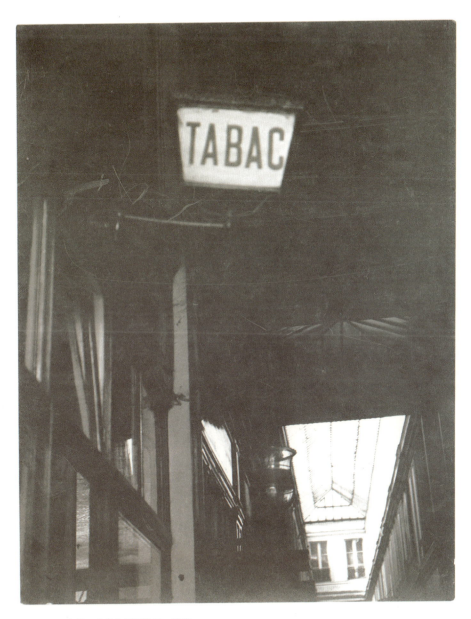

图 11.5　杰曼·克鲁尔摄影作品：拱廊

图 11.6　杰曼·克鲁尔摄影作品：开罗拱廊

图 11.7　杰曼·克鲁尔摄影作品：橱窗里的玩偶

图 11.8　杰曼·克鲁尔摄影作品：紧身胸衣陈列

图 11.9　杰曼·克鲁尔摄影作品：一条拱廊的店铺正面

　　本雅明把拱廊和私人居室看作一致的空间形态。像拱廊保存下来的东西一样，他也保存了一些资产阶级的居室的照片。在他的遗物中现存三张这样的照片（图 11.15 至图 11.17），它们来自本雅明的朋友萨沙·斯通（即亚历山大·塞尔格·施坦因沙皮尔，1895—1940），《单行道》的封面也是他设计的。这本书里有一节是"摆满豪华家具的十套住宅"，本雅明的描述再现了这样一种室内陈设。他收到的这三张照片从相反的视角——有一张是在强烈的逆光中拍摄的——表现了同样耽于享乐的、铺着软垫的房间，在这个房间里，居住者在收藏的东西之间几乎找不到位置："小摆设，到处都是小摆设。"（《本雅明文集》Ⅲ，第 140 页）

米夏埃尔·史华兹　整理

图 11.10　杰曼·克鲁尔摄影作品：巴黎的后院

图 11.11　杰曼·克鲁尔摄影作品：楼房的角落

图 11.12　杰曼·克鲁尔摄影作品：巴黎的楼房正面

图 11.13　杰曼·克鲁尔摄影作品：一条拱廊的入口

KLEINE GESCHICHTE DER PHOTOGRAPHIE
Von Walter Benjamin
(Fortsetzung)

Man muß im übrigen, um sich die gewaltige Wirkung der Daguerreotypie im Zeitalter ihrer Entdeckung ganz gegenwärtig zu machen, bedenken, daß die Pleinairmalerei damals den vorgeschrittensten unter den Malern ganz neue Perspektiven zu entdecken begonnen hatte. Im Bewußtsein, daß gerade in dieser Sache die Photographie von der Malerei die Staffette zu übernehmen habe, heißt es denn auch bei Arago im historischen Rückblick auf die frühen Versuche Giovanni Battista Portas ausdrücklich: „Was die Wirkung betrifft, welche von der unvollkommenen Durchsichtigkeit unserer Atmosphäre abhängt (und welche man durch den uneigentlichen Ausdruck ‚Luftperspektive‘ charakterisiert hat), so hoffen selbst die geübten Maler nicht, daß die camera obscura" — will sagen das Kopieren der in ihr erscheinenden Bilder — „ihnen dazu behilflich sein könnte, dieselben mit Genauigkeit hervorzubringen." Im Augenblick, da es Daguerre geglückt war, die Bilder der camera obscura zu fixieren, waren die Maler an diesem Punkte vom Techniker verabschiedet worden. Das eigentliche Opfer der Photographie aber wurde nicht die Landschaftsmalerei, sondern die Porträtminiatur. Die Dinge entwickelten sich so schnell, daß schon um 1840 die meisten unter den zahllosen Miniaturmalern Berufsphotographen wurden, zunächst nur nebenher, bald aber ausschließlich. Dabei kamen ihnen die Erfahrungen ihrer ursprünglichen Brotarbeit zustatten und nicht ihre künstlerische, sondern ihre handwerkliche Vorbildung ist es, der man das hohe Niveau ihrer photographischen Leistungen zu verdanken hat. Sehr allmählich verschwand diese Generation des Uebergangs; ja es scheint eine Art von biblischem Segen auf jenen ersten Photographen geruht zu haben: die Nadar, Stelzner, Pierson, Bayard sind alle an die Neunzig oder Hundert herangerückt. Schließlich aber drangen von überallher Geschäftsleute in den Stand der Berufsphotographen ein, und als dann späterhin die Negativretusche, mit welcher der schlechte Maler sich an der Photographie rächte,

Photo Germaine Krull

allgemein üblich wurde, setzte ein jäher Verfall des Geschmacks ein. Das war die Zeit, da die Photographiealben sich zu füllen begannen. An den frostigsten Stellen der Wohnung, auf Konsolen oder Gueridons im Besuchzimmer, fanden sie sich am liebsten: Lederschwarten mit abstoßenden Metallbeschlägen und den fingerdicken goldumrandeten Blättern, auf denen närrisch drapierte oder verschnürte Figuren — Onkel Alex und Tante Riekchen, Trudchen wie sie noch klein war, Papa im ersten Semester — verteilt waren und endlich, um die Schande voll zu machen, wir selbst: als Salontiroler, jodelnd, den Hut gegen gepinselte Firnen schwingend, oder als adretter Matrose, Standbein und Spielbein wie es sich gehört, gegen einen polierten Pfosten gelehnt. Noch erinnert die Staffage solcher Porträts mit ihren Postamenten, Balustraden und ovalen Tischchen an die Zeit, da man der langen Expositionsdauer wegen den Modellen Stützpunkte geben mußte, damit sie fixiert blieben. Hatte man anfangs mit „Kopfhalter" oder „Kniebrille" sich begnügt, so folgte bald weiteres Beiwerk wie es in berühmten Gemälden

图 11.14 《摄影小史》，发表在《文学世界》1931 年 9 月 18 日和 25 日 以及 10 月 2 日

复制 1931 年 9 月 25 日（第 39 期）该版面的一部分，第 3 页（参见《本雅明文集》 Ⅱ-1，第 374 页及下页）

图 11.15 萨沙·斯通摄影作品：资产阶级的室内摆设

图 11.16 萨沙·斯通摄影作品：资产阶级的室内摆设

图 11.17　萨沙·斯通摄影作品：资产阶级的室内摆设

干杏核

谜语、游戏题、语言文字游戏

谜语

1）我若抢走它中心的开端，

它就会跟着美人穿过大厅和房间，

翻滚着取代通红的尘雾，

最后只剩下一点儿灰尘。

谜底：沙尘暴，边缘

2）曾经追求，曾经渴望，

如今已死，只剩荒凉，

连同一个新的词语

表现在原来的地方。

还有一丝微光，在它的中心嘶嘶作响，

谁熄灭它，谁心里便会从瓦砾的滚动中，

听见古老的谜语。

谜底：废墟，卢恩字母文

3）一个动物把自己的尾巴翘到头上，变成一堆恶人，它是什么？

谜底：水獭，一群狼或歹徒 [1]

4）后一个音节显得晶莹明亮，

前面的音节呈现在里面。

但后一个音节带给人死亡，

它也把死亡给予前面的音节，

音节全连起来，它站在你面前，

那儿就是事故发生的地方。

谜底：博登湖 [2]

5）两个对立的字表现为一对儿，

第一个原地不动，

另一个容易移开。

前者创造快乐，后者总靠不住。

谜底：紧，松

6）P 开头的是一个动物，R 开头的是一群动物。

谜底：卷毛狗，成群结队 [3]

---

[1] 如果把水獭这个词（Otter）的尾字母放到第一个字母前面，就变成了 Rotte（指狼群和一帮歹徒）。

[2] Bodensee 一词由两部分组成，Boden 是地，see 是湖。湖水清澈，但能淹死人。水也能淹没地。两部分连起来，就是淹死人的地方，也就是博登湖。

[3] Pudel（卷毛狗）和 Rudel（成群结队）这两个词只有头一个字母不同。

7）首先出现在图纸上，最后出现在房屋上。

谜底：屋顶

8）圣安东尼在寂寞中喊的话。

再次说明时，却成了大城市的边界。

谜底：城市法 [1]

（《本雅明文集》Ⅶ-1，第 301 页及下页）

乍一看，收集谜语、游戏题和语言文字游戏这些事情似乎无关紧要，本雅明曾把它们发表、写在书信中并保存在纸页上。即使它们残缺不全，流传下来的谜语和游戏题不到 60 个，但它们到处表现出本雅明的游戏雅兴、对语言理论问题的爱好、思考的热情、对图像和形式或者诗歌声音及幽默词汇之意义的兴趣。本雅明和弟弟格奥尔格、妻子朵拉、儿子史台凡，还有格肖姆·朔勒姆、葛蕾特尔·卡尔普鲁斯分享发现谜底的快乐。短小的形式表现出幽默的能力，正如它们给本雅明的书信和有些文章打上烙印那样——如来自穆里大学的通知，虚构的校工朔勒姆，捏造的对学院生活的嘲讽，精神的和文字游戏的教学活动以及图书馆入口的广告。

我们可以看出三种游戏题的类型，它们之间没有明显的界线：语言文字游戏、

---

[1]　城市法（Weichbild），这是一个中世纪沿用下来的词语，weich 原来是小居民区的意思，而 bild 那时候的意思与今天的 Recht（法）相同。从居民区到城邦制度形成时期，随着城市的扩大，有了旧城和新城的边界，但共同遵守的准则一直没变。那时候会用石柱标明城市的边界。此制度起源于罗马时期，然后扩展到中欧的德国。这是一个很令人费解的谜语，因为除了语言差异外，单是理解这段历史都有一定难度。

游戏题和谜语。本雅明为语音与意义之间的关联传播了一种兴趣，这种兴趣不仅是理论上的。在《德国悲剧的起源》那部书里，他提到雅科布·波姆的声音推测。他没有把造物的语言理解为"一个词汇的王国"，而是理解为"音素和声响的融合"："A（德文读 ah）是第一个字母，是从心里挤出来的一种声音；i（德文读 yi）是最高的爱的中心；卷舌音 r，因为它发出的咆哮声、嘟噜声和摇铃声带有火之源的特征，s 对它来说就是神圣的火。"（《本雅明文集》I-1，第 379 页）同样是从声音里，本雅明在一篇评论中指出里纳尔多·里纳尔蒂尼的名字也许是"一种形声的——虽然不是强盗生活的，但也是对那种生活永恒渴望的表现。在这个名字里居住着'昔日记忆'（vieux souvenir）[1] 的森林回声，波德莱尔曾在诗中写过，它像'号角声'一样直入我们心中。'寂寞''正义'和'自由'的主题在这种具有魔力的声响中融合在一起。"（《本雅明文集》III，第 185 页）本雅明自己偶尔也试图制造这样具有魔力的声音。他与诗人、他的小学同学弗里德里希·海因勒一起创作了组诗《原始森林的幽灵》，这些诗的基础是在表现主义诗人启示下押头韵和荒谬尾韵的语言恶作剧。在关于史台凡的札记里，词汇的扭曲和语言玩笑扮演了重要的角色。

　　一系列押韵的谜语中，有两个谜语于 1927 年匿名发表在朵拉·索菲·本雅明主编的《能干的柏林女人》杂志上，完全立足于构词法原则：谜底是只有一个字母之差的、回文的或者同音异义的词语。1938 年生日那天本雅明收到弟妹希尔德寄来的谜语，那是他弟弟格奥尔格在监狱里为他琢磨出来的。本雅明答谢道："他的谜语难题使我感到很困惑，直到现在我还没有猜出来。"（《本雅明书信集》VI，第 144 页）而他寄出自己的游戏题作为回答，即所谓 Daldals："在它们当中，句

---

[1]　波德莱尔的诗《天鹅》最后一节中的意象。

子结尾必须用两个发音相同的音节组取而代之。Dal 的数目和书写方式——多少或者是分开还是连在一起——（说明）必须加上多少音节和怎样把它们组成词汇。"（《本雅明书信集》VI，第 144 页）其中一个例子是："吉米是一个粗野的酒鬼，他从不付钱，而且习惯开空头支票。他和朋友汤米一起做了一次长途啤酒旅行，当最后走进一家新酒馆时，汤米对吉米说：这一次你在 dal dal 付 daldal。"谜底是"Bar bar，barbar（现金）"。（《本雅明书信集》VI，第 145 页）早在《原始森林的幽灵》中的一首诗里，本雅明就镶入了这种基于相同音节的 Daldal 谜语的影响。本雅明也用自己的名字做字母试验，例如，为了取一个假名，他组成了 Anni M.Bie，Jann Beim 或者 Jemabinn[1] 这几个独特的颠倒词（图 12.1）。

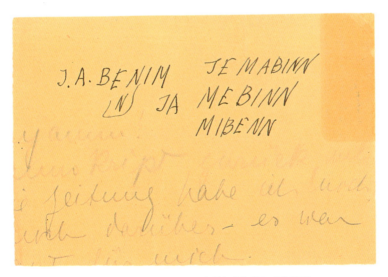

图 12.1　颠倒词的草稿，写在一份《关于历史的概念》札记手稿背面

---

[1]　这几个词都是他自己的名字 Benjamin 中的几个字母重新排列组合后组成的。

　　作为电台作家和广播员,本雅明知道如何安置噱头,应该如何利用声音的音调。他不仅拥有必要的交际能力,而且——正如那些为孩子们写的广播电台朗诵所证明的那样——也具有从事教育的能力。1936 年 7 月 6 日,本雅明迫使他的少年听众面对 30 个谜语和 3 颗干杏核:数字谜语、几何问题、逻辑训练以及用词汇和字母组成的游戏题。(《本雅明文集》VII-2,第 305~315 页)自 18 世纪末以来,谜语便聚集在"坚果""脆坚果""硬果"或者"干杏核"的概念之下。对于 1900 年前后成长起来的孩子来说,这些名称是习以为常的。也许本雅明甚至知道 1918 年出版的那本书《孩子们的兴趣》,其中便包含着干杏核和谜语;他认为那本书的女出版人弗里达·香茨,正如朔勒姆证实的那样,是一个"偏爱文学小事的例子"(本雅明 / 朔勒姆:《书信集(1933—1940)》,第 237 页)。露特·贝尔劳的遗物中保留了一个游戏题,因为玛格丽特·史台菲因把它抄了下来并给出了自己的谜底。她遵循的是一种今天人们仍然喜爱的模式,这种模式容许多种变化,但只容许一种关联起作用(图 12.3)。这样的大脑训练在侦探小说的野心里有与其类似的东西,本雅明作为读者曾经有过这种野心——有时候他甚至想成为一部侦探小说的作者,他想与布莱希特一起写一部侦探小说。这是一种——他自己臆造的?——侦探任务。1936 年 5 月 28 日,他把这个任务寄给了史台凡,但史台凡没保存好。相反,人们在本雅明的遗物中发现了一个阿里阿德涅线团之谜[1],其作者不详。因为文本与他要付印的其他谜语一样,是用同一台打字机打出来的(图 12.4),所以不能把本雅明是其作者这一可能性排除在外。在第一次世界大战期间,为了用可能的密码通信方式给在军队中处于被监视状态的朔勒姆以暗示,朵拉和瓦尔特·本雅明曾经致力于密码技术的研究。他们富有创造性地发明了一种密码,

---

[1]　阿里阿德涅,希腊神话中克里特王弥诺斯的女儿,她用线团帮助情人忒修斯逃出迷宫。

这种密码建立在变换密码数字的基础之上，例如，42345 这几个数字，说明首先是第四个词，然后是第二个，然后是第三个等，这样，它们在填充别的尽管也显得合适的词汇时就有了一种意义。在本雅明为了写侦探小说所作的札记中就有一种类似的密码暗号。本雅明的假名之一就归功于这种使人无法辨认的愿望：在流亡途中，他想用 O.E.TAL. 为他写的文章署名，它是拉丁文"lateo"（我藏起来了）的颠倒。

1929 年 7 月，本雅明在《画报》上发表了一篇关于画谜的文章《我们的祖父祖母为什么绞尽脑汁》（图 12.2）并附有画谜。"画谜并不像各民族的模糊而又高雅的谜语那样十分古老，那些谜语中最著名的一个就是斯芬克斯之谜，"他写道，"在他能够冒险松动一下看起来如此紧密联系在一起的声音与意义并邀请它们一起玩耍之前，也许人们对语言的敬畏应该减少一些。"（《本雅明文集》IV-2，第622 页）本雅明把祖先的画谜与他那个时代观察世界的方式、标准化的建筑、图解化的统计学、灯光广告的直率和交通标志进行比较。"不同时代的现实意义在不同的标志中表现出来。"（《本雅明文集》IV-2，第 623 页）本雅明将巴黎拱廊中的一个陈列当作谜语来阅读。他在书信里插入画谜——琉森湖、数字 4、树和一个城里人。朔勒姆的未婚妻爱丽莎·布尔西哈尔特的毕业文凭上充满了画符和希伯来文字母。本雅明的遗物中还有一种图形谜 [1]，像上面提到的阿里阿德涅线团之谜那样，也是用相同的打字机打出来的（图 12.5）。

"像一个画谜"——本雅明为黑贝尔诞辰 100 周年写的一篇文章中的副标题，本雅明遗物中的一张照片也产生了这样的效果。那张照片展示的是挂满衣物的晾衣绳，看起来它们像拉在那不勒斯的巷子里似的。然而，照片上的那些衣物只

[1] 图 12.5 之谜："怎样把它们分成四部分，每一部分与另外三部分至少共有一条边？"

图 12.2 　《我们的祖父祖母为什么绞尽脑汁》
载《画报》，1929 年 7 月（第 28 期），第 795 页（参见《本雅明文集》Ⅳ-2，第 622~624 页）

Walter Benjamin:

6 Autoren sitzen im Eisenbahnwagen erster Klasse, je 3 auf einer
Seite. Müller, Schulze, Schmidt, Becker, Meier, Lehmann. Sie xximdx
sind - nicht eben in der gleichen Reihenfolge; Essayst, Historiker,
Humorist, Romancier, Dramatiker und Dichter.
Jeder hat ein Buch geschrieben, das ein anderer von den Mitreisenden
gerade liest.
Müller liest Essays, Becker liest das Buch seines Gegenübers. Schulze
sitzt zwisc en dem Essaysten und dem Humoristen. Meier ist der Nach-
bar des Dramatikers. Der Essayst sitzt dem Historiker gegenüber.
Schmidt liest ein Stück. Schulze ist der Schwager des Romanciers.
Müller, der in einer Ecke sitzt, interessiert sich nicht für Ge-
schichte. Schmidt sitzt dem Romancier gegenüber. Meier liest das
Buch des Humoristen. Lehmann liest die Gedichte.
Jedem Autor ist sein Name zu geben.

Dr. Benjamins Verfahren:

Ich habe mir 4 Schemata gemacht. In das erste habe ich eingetragen,
was Müller, Schulze usw. nicht verfasst haben können. In das zweite
habe ich eingetragen, wie Essayist, Historiker usw. nicht heissen
können.
Diese beiden negativen Schemata habe ich durch zwei positive er-
ganzt, beides Lagepläne der Sitze im Eisenbahnwagen. In den ersten
habe ich eingetragen, wo Müller, Schulze usw. sitzen, in den zwei-
ten, wo Essayist, Historiker usw. sitzen.
Jedes dieser vier Schemata kann nur ganz unvollständig ausgefüllt
werden. Die Lösung, die aus ihrer Kombination hervorgeht, sieht so
aus:

```
Schmidt          Müller
Humorist         Romancier

Schulze          Becker
Dichter          Dramatiker

Lehmann          Meyer
Essayist         Historiker
```

Steffins Lösung:
```
Humorist  Schmidt    Dramatiker Schulze   Essayist Meyer
 liest ein Stück      liest hist.Roman     liest Humoresken
romancier Müller      Dichter Becker       Historiker Lehmann
 liest Essays         liest Dramen         liest Gedichte
```

图 12.3　游戏题
玛格丽特·史台菲因打字稿副本，藏于露特·贝尔劳档案馆；1 页

Ariadnerätsel

Viele von uns erinnern sich wohl noch aus ihrer Schulzeit der "Labyrinthe", die sie oder ihre Mitschüler xxxx waehrend der Schulstunden auf Löschblätter oder an den Rand ihrer Hefte malten. In der griechischen Sage bekommt nun Theseus, der so ein Labyrinth durchwandern muss von seiner Freundin , der Ariadne, einen Faden mittels dessen er wieder zum Ausgang zurückfindet. In Erinnerung an dieses Griechenmädchen nannten unsere Grosseltern gewisse Rätsel, deren Lösung in seltsam gewundenen Linienzügen besteht, Ariadnerätsel. Wir setzen unseren Lesern eins hierher, über dem sie vielleicht nicht ungern ein Weilchen nachdenken.

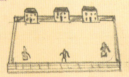

Der innere Raum unserer Zeichnung ist von einer Mauer eingeschlossen. A,B und C sind drei Häuser, welche an die Mauer angebaut sind; leider können ihre Bewohner einander nicht ausstehen. Zum Unglück ist es nun so, dass der zum Hause A gehörige Brunnen sich bei a, der zum Hause B gehörige bei b und der zum Hause gehörige sich bei c befindet. Die Brunnen bei a und c stehen frei, während der bei b hart an der Mauer liegt und nicht umgangen werden kann. Es will nun jeder Hausbesitzer zu seinem Brunnen gelangen, ohne den Weg seines ärgerlichen Nachbarn zu überschneiden. Das kann er auch. A b e r   w i e ?

L ö s u n g :

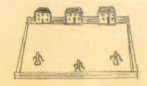

图12.4　阿里阿德涅线团之谜
打字稿副本，1页

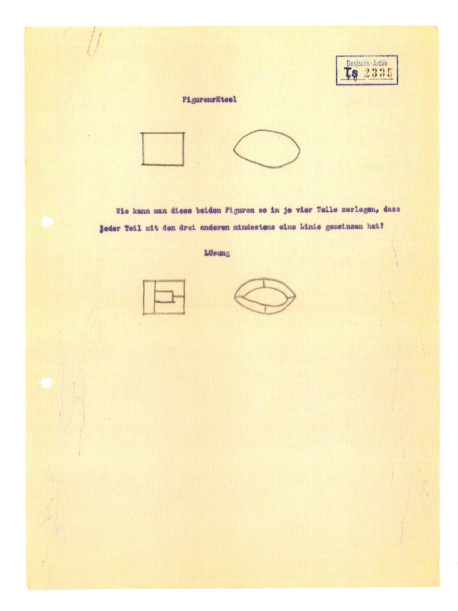

Figurenrätsel

Wie kann man diese beiden Figuren so in je vier Teile zerlegen, dass jeder Teil mit den drei anderen mindestens eine Linie gemeinsam hat?

Lösung

图 12.5　图形谜
打字稿副本，1 页

图 12.6　小山包前挂满衣服的晾衣绳，摄影者不详

是挂在一个小山包的前面，与意大利南部城市很不相称（图 12.6）。这会是什么地方呢？谁拍摄的这张照片？本雅明为什么保存它？

谜语这种会说话的图像符合本雅明的思维、他的分段建构以及他赋予手稿图解形式的意义。此外，本雅明能够发现诗学和美学的维度，比如，1926 年，在关于让·季洛杜（Jean Giraudoux，1882—1944）的小说《贝拉》的书评中，他把季洛杜称为"把纵横填字字谜提到最新水平"的人，因为他也许是把字谜"完全真实地写进一个格子中的"人："如果在那儿词汇在字母中相交，那么图像就在这儿站起来了，它们之间会在物品、名称、概念里互相交叉。谜语、被分解的图像在其令人窒息的交叉中产生出政治和色情斗争的最疯狂特征。"（《本雅明文集》Ⅲ，第 37 页）美学的维度在《巴黎拱廊街》的笔记中也随处可见，而且也是《德国悲剧的起源》一书思考的继续。在 J（波德莱尔）卷帙中有一段开始这样写道："比喻认识很多谜语，但不认识秘密。谜语是一个断片，它与另一个合适的断片组成一个整体。"（《本雅明文集》V-1，第 461 页）谜语如同断片没有封闭，它们敞开一部分，要求与它们相对的断片——谜底。谜语是"思维运动"的学校（《本雅明文集》IV-2，第 622 页），此外，它们使人兴奋起来，去锻炼理智、抛开样式并冲破限制。

埃特穆特·韦齐斯拉　整理

女预言家

锡耶纳城的马赛克

"Facilis descensus Averno." Vergil：Aeneis[1]

那是波德莱尔的一首无与伦比的诗，女人和死神的图像渗入第三者即巴黎的图像之中。他诗中的巴黎是一座沉沦的城市，更多地沉到水下而不是地下。在城市的地下组成部分那儿——她的地貌学的地层构造，塞纳河被遗弃的旧河床——在可以找到一些痕迹。然而，在波德莱尔那里，在城市的"死亡田园诗"里，具有决定性的是社会的底层语言，那是一种现代的基础语言。现代的东西是他诗中的主重音。他把理想当作忧郁劈开［《忧郁与理想》（„Spleen et Idéals "）］，但恰恰现代人总引用史前史。（《本雅明文集》V-1，第 55 页）

本雅明的遗物中保存着八张表现女预言家的彩色套印卡片。这些卡片表现的是锡耶纳城大教堂两个走廊地板上的马赛克。那八个女预言家是画在石板上的，黑色的石膏被浇注在白色大理石的线条轮廓上，看起来像巨幅木刻。我们从本雅明的通信知道，他 1929 年去过锡耶纳城。1929 年 7 月 27 日，他在给格肖姆·朔勒姆的信中这样写道："明天我去锡耶纳。可能在那儿逗留的时间很短。"（《本

---

[1]　拉丁文：下地狱是容易的。——维吉尔：《埃涅阿斯纪》。

雅明书信集》Ⅲ，第 477 页）不同的是，在他关于意大利城市的报道中，他很少谈及锡耶纳城。关于那里教堂中的马赛克，他一句话也没有提及，至少没有流传下来。我们甚至不知道他是否进过该教堂并亲眼看见过那些画。那该怎么办呢？1937 年 12 月 6 日，本雅明写信给霍克海默说："看起来，有时候不用费什么周折就可以让读者认识到那些横亘在作者前面的困难。"（《本雅明文集》Ⅴ，第 624 页）我们的困难则是这些彩色套印卡片、它们的秘密，那些不解之谜是怎样和为什么保存在他的遗物中的？我

们能够解开这个谜吗？本雅明，他本人就是一个谜一般的朋友，他曾给过我们一个暗示："所以，许多谜语只有通过图片才可以猜出，但拯救只能通过话语。"（《本雅明文集》Ⅳ，第 18 页）明信片我们可以探究，我们可以给它们命名，辨认出那些女预言家的名字，知道哪些不同的角色把故事和历史记在自己的名下。我们知道谁创造了锡耶纳城的马赛克。然而，为了揭开谜底，它们怎样和为什么落入本雅明的收藏，他的拯救之语，对我们来说至今仍付之阙如。

那么，我们就只能在他的文章和笔记中寻找那些能帮助我们揭开谜底的词语了。在中断的《巴黎，19 世

图 13.1 女预言家特尔斐卡，也叫皮提亚，在特尔斐的阿波罗神庙作预言。特尔斐这个名字源于希腊文"子宫"这个词，并指向一种古老的地母盖娅崇拜

纪的首都》（1935）里面，本雅明把维吉尔的一句话"下地狱是容易的"放在《波德莱尔与巴黎街道》那一部分前面。为什么？在不熟悉这句话的人面前，他把什么秘密隐藏了起来？他信任熟悉这句话的人吗？对维吉尔的这句话不感到陌生的知情人因此就能清楚地看到它们之间的关联吗？艾佛纳斯是一个湖，也是地狱的入口，由库米城的女预言家守护。她对埃涅阿斯说的那句话就是 "Facilis descensus Averno"（下地狱是容易的）。女预言家的这句话是用来干什么的呢？本雅明是在怎样的意义

关联上提出这句话的呢？在他的文本中，他是以《女人与死神》那幅图片开始的。在维吉尔的诗行中，她是陪同埃涅阿斯下地狱——冥界——的女预言家。没有她，埃涅阿斯就会失败，因为只有她与冥界有联系并且能够把英雄重新带回人间。在地狱里，她带着埃涅阿斯穿过从前的事件、失败的和遗忘的事件并帮助他以这种方式走向一个新王国的幻象；她引导他走进过去，为的是给他指示未来。由此可见，地狱和女预言家对本雅明来说，就是指点人们注意新与旧、死与生之间关联的密码。

图 13.2　库米城的女预言家是罗马帝国最著名的女预言家，九本著名的预言书都是她写的，书中记录了罗马人的命运；他们将于公元前 83 年在罗马神庙焚毁的时候被毁灭。她因为维吉尔的《埃涅阿斯纪》而闻名于世

他把这些图片与第三种图片即巴黎地下世界的图片联系起来。他

让自己在波德莱尔的诗的带领下进入这个代表城市的过去、现在和未来的黑暗社会。因为谁要发现新的东西，谁就必须下去，而且不要理睬现在。"历史学家是向后转的先知"这句话也应该从这个意义上去理解："历史学家把后背转向自己的时代，而他的先知者的远见正在越来越远地消失，并在过去更早的人类历史的顶峰旁燃烧。这种先知者的远见使他回忆自己的时代远比那些'能跟上时代步伐的'同时代人更清晰。"（《本雅明文集》I-3，第1237页）在与西比尔（Sibylle）——女预言家——一起下地狱的神话图片中，本雅明展开了一种出示而又

图13.3 女预言家库玛娜，库玛娜是库米城的女预言家的另一个名字

拒绝的公式，既回头指向初始，又往前指向改造旧事物中新认识的可能性。

古德伦·史华兹 整理

女预言家站在史前时代、古典时代和基督教文化的交点上。她们的出身可以追溯到史前时代的文化。本来她们是为各种女神效劳的神谕宣示所的女牧师：伊什塔尔女神的苏美尔—波斯女预言家、得墨忒耳的库米城女预言家以及希腊神话中的地母盖娅的特尔斐卡和赫勒斯滂提卡、小亚细亚女神库伯勒的弗里吉亚。这

些被许多古典作家提及并以这种方式流传下来。（阿尔滕赫纳：《女预言家》，第 103 页）她们大都生活在一个岩洞里——女预言家洞窟。

这一类的场所已被考古证明，如在小亚细亚的古代城市之一埃利色雷。今天人们仍然可以在库米城、意大利坎帕尼亚沿海地区参观女预言家洞窟。在《旧约全书》里，女预言家作为犹太人的先知出现——女法官底波拉（法官 4，咏 4）或者恩多尔的女巫（1. 撒慕尔 28，咏 8–25）就是这样的。在古典时期，女预言家受阿波罗的委托说出预言，在早期基督教文化中，她们预言了耶稣基督的诞生及其创造的奇迹。在许多教会的建筑物里，女预言家被表现在绘画或者马赛克上，在锡耶纳的大教堂里也有这样的绘画和马赛克。

图 13.4 利比卡（来自利比亚）的女预言家出现在欧里庇德斯的著作中，她也被称为拉米亚，意思是蛇或者美杜莎

Siena - Impiantito della Cattedrale. (Antonio Federighi)

图 13.5　埃利色雷的女预言家是希腊最著名的女预言家，应该是她预言了特洛伊的陷落

Siena - Impiantito della Cattedrale (Urbano da Cortona).

图 13.6　女预言家佩尔西卡也被看作迦勒底—犹太人的女预言家，因名字萨巴或者撒贝特而闻名，她也出现在欧里庇德斯的著作中

图 13.7　女预言家弗里吉亚属于亚述、赫梯（公元前1950—前1180年）和弗里根（公元前900—前620年）文化圈，该文化圈位于今天的土耳其。她预言了亚历山大大帝的事迹（公元前300—前100年）

图 13.8　赫勒斯滂提卡是希腊最老的女预言家，阿波罗赋予她预言能力。她工作的地方在亚历山大城西部的塞萨洛尼基，相传她死于特洛伊

参考文献

特奥多·W. 阿多诺（Theodor W. Adorno）与格肖姆·朔勒姆（Gershom Scholem）合编：《瓦尔特·本雅明文集》，7 卷本，美因河畔法兰克福，罗尔夫·蒂德曼与赫尔曼·施威本豪伊泽出版社，1972—1989 年。

瓦尔特·本雅明：《本雅明书信集》，6 卷本，美因河畔法兰克福，出版人克里斯多夫·戈德与亨利·隆尼茨，1995—2000 年。

瓦尔特·本雅明、格肖姆·朔勒姆：《书信集（1933—1940）》（《本雅明 / 朔勒姆书信集》），美因河畔法兰克福，出版人格肖姆·朔勒姆，1980 年。

特奥多·W. 阿多诺：《本雅明，写信的人》，见《阿多诺文集》第 11 卷《文学的脚注》，美因河畔法兰克福，出版人罗尔夫·蒂德曼，1996 年。

英格丽特·阿尔滕赫纳：《在约翰·格奥尔格·哈曼、弗里德里希·施莱格尔和约翰·沃尔夫冈·歌德的著作中作为文学符号的女预言家》（《女预言家》），美因河畔法兰克福，1997 年。

大卫德·久利亚托：《微型绘画——论瓦尔特·本雅明的童年回忆（1932—1939）中写作的诗学形态》，帕德博恩，2006 年。

马库斯·克拉耶夫斯基：《卡片经济——卡片从图书馆精神中诞生》，柏林，2002 年。

维尔纳·莫尔朗：《在微型绘画的舞蹈魔力中》，载《Du. 文化杂志》，第 730 期，2002 年 10 月，58～63、88 页。

英格丽特·朔伊尔曼：《关于瓦尔特·本雅明之死的新文件》，波恩，1992 年。

格肖姆·朔勒姆：《瓦尔特·本雅明——一场友谊的历史》（《友谊》），美因河畔法兰克福，1997 年。

格肖姆·朔勒姆：《瓦尔特·本雅明和他的天使》（《天使》，十四篇文章和一篇评论），美因河畔法兰克福，出版人罗尔夫·蒂德曼，1983 年。

让·塞尔兹：《回忆瓦尔特·本雅明》（《回忆录》），载《具体》杂志，1961 年第 15 期，13 页；第 16 期，12 页。

金·泽谢尔：《杰曼·克鲁尔——作为冒险家的先锋派》，慕尼黑，1999 年。

《论瓦尔特·本雅明》，特奥多·W. 阿多诺、恩斯特·布洛赫、马克斯·里希纳、格肖姆·朔勒姆、让·塞尔兹、汉斯·海因兹·霍尔茨和恩斯特·费舍尔的评论，美因河畔法兰克福，1968 年。

维吉尔（普布留斯·维吉留斯·马罗）：《埃涅阿斯纪》，约翰·海因里希·福斯译，莱比锡，出版人奥托·居特灵，1875 年。

《论瓦尔特·本雅明，1892—1940》（美因河畔法兰克福特奥多·W. 阿多诺档案馆与内卡河畔马尔巴赫德国文学档案馆合办的展览，筹办人罗尔夫·蒂德曼、克里斯多夫·戈德和亨利·隆尼茨，收入马尔巴赫书库 55），第 3 版，审阅及增印版，内卡河畔马尔巴赫，1991 年。

埃特穆特·韦齐斯拉：《写在卡片上的抄抄写写》，见瓦尔特·本雅明档案馆：《内容与形式》，第 2 期，2006 年 3/4 月，265～273 页。

伊尔文·沃尔法特，《Et cetera[1]？作为捡破烂者的历史学家》，见《拱廊——瓦尔特·本雅明的十九世纪的史前史》，70～95页，慕尼黑，出版人诺伯特·鲍尔茨与贝恩特·维特，1984年。

---

[1] 法文：等等。

关于这本书

本书为 2006 年 10 月 3 日至 19 日在柏林艺术科学院推出"《瓦尔特·本雅明档案》展览"而出版，由德国联邦文化基金会资助。像展览一样，本书从他的遗物中汇集了图片、文字和符号。本书中复制的原件存放在瓦尔特·本雅明档案馆（Walter Benjamin Archiv，简称 WBA）里。此外需要提及的是《成功的罗盘》，它的所有者是马尔堡的约尔克·莱茵韦伯，为此出版人要向他表示感谢。第 12 章里复制的游戏题来自艺术科学院的露特·贝尔劳档案馆——感谢弗朗卡·科普和沃尔克·布什的帮助。还要感谢安娜玛丽·徐丽曼和尼古拉·莱普，他们的令人兴奋的谈话帮助我搞清了本雅明档案这个项目，并给我提供了建设性意见；感谢乌尔苏拉·本雅明（柏林）给予的宝贵指示。感谢伊丽莎白·佩罗利尼（姬塞拉之友的照片），同时也感谢乌特·艾斯吉尔森、福克博物馆（杰曼·克鲁尔的照片）、塞尔格·斯通（萨沙·斯通的照片）和弗尔克·卡曼（维尔纳·克拉夫特的书信）允许复制其照片和书信等。

在这本书里，本雅明手稿修改处没有按照手稿原件样式和行数复制，也不是严格的拓扑学的转换。手稿中本雅明划掉的凡能够识别的部分皆予以恢复。被划掉的无法识别的词汇或者词汇部分，用 [*] 加删除横线符号表示，多次划掉的部分用 [*] 加两次横线删除符号表示。出版人的补充用方括号粗体字表示，没有把握的地方则加问号〔?〕。原文引号缺少前一半或后一半的地方没有补上。

  只要可能,照片、手稿和打字稿均按照原物大小复制。缩小的复制件均注明缩小比例。

德国国家图书馆目录学信息

德国国家图书馆将此出版物登记在德国国家图书目录中，

详细的目录学数据可在网址 http://dnb.d-nb.de 下载。

审稿部：法尼·埃斯特哈奇

设计、版面：弗里德里希·福尔斯曼

复制：奥利弗·库尼施，马库斯·哈弗立克

平版印刷：罗伯特·威尔克

印刷：梅名格媒体中心

装订：拉赫迈尔图书装订厂，罗伊特林根

在德国印刷

ISBN 3-518-41835-1

ISNB 978-518-41835-2

1 2 3 4 5 6 – 11 10 09 08 07 06

附　录

本雅明年表[1]

1892 年　7 月 15 日生于柏林。

1902—1912 年　在柏林弗里德里希·威廉文理中学读书。1905—1907 年在图林根州豪宾达教育基地接受培训，思想上深受德国教育革新家古斯塔夫·维内肯（Gustav Wyneken，1875—1964）影响。

1912 年　高中毕业，在德国南部弗莱堡大学研习哲学。同年回到柏林，继续攻读哲学学位。

1913 年　在圣灵降临节（约 5 月下旬）期间第一次前往巴黎旅游。

1914 年　当选自由大学生联盟主席。同年结识后来的妻子朵拉·索菲·鲍拉克（Dora Sophie Pollak）。

1914—1915 年　写成第一篇论文《谈荷尔德林的两首诗》。

1915 年　结识犹太裔学者格哈德（即格肖姆）·朔勒姆（Gerhard Scholem，1897—1982）。

1915—1917 年　转慕尼黑继续读大学。

1917 年　与朵拉·索菲·鲍拉克结婚并迁居瑞士伯尔尼。

---

[1]　原书没有年表。此年表是译者根据苏尔坎普出版社 1996 年的《本雅明读本》和贝尔茨出版社的《行囊沉重的旅客》两本书附录的年表编译的，同时还增加了一些内容。

1918 年　得子史台凡（Stefan）。同年结识恩斯特·布洛赫（Ernst Bloch）。

1919 年　在导师理查德·赫伯茨（Richard Herbertz）指导下于瑞士伯尔尼以论文《德国浪漫派的艺术批评概念》获哲学博士学位。

1920 年　返回柏林。

1921 年　与朵拉的婚姻冲突日多，朵拉爱上恩斯特·邵恩，他爱上尤拉·科恩。结交弗洛里安斯·克里斯蒂安·郎克（Florians Christian Rang）。发表《译者的任务》。

1921—1922 年　撰写《评歌德的〈亲合力〉》。

1923 年　结识阿多诺（Adorno）和西格弗里德·克拉考。最亲密的朋友格哈德·朔勒姆迁居巴勒斯坦。翻译波德莱尔的《巴黎风光》并出版。

1924 年　5—10 月在意大利卡普里（Capri）岛上撰写论述悲剧的作品（《德国悲剧的起源》）。结识阿丝雅·拉西斯（Asja Lacis，1891—1979）并开始研读马克思主义理论。

1925 年　5 月 12 日，试图以《德国悲剧的起源》一书谋取法兰克福大学教授资格。7 月 27 日，系里要求他收回教授资格的申请。

1926 年　3—10 月在巴黎，与弗朗茨·黑塞尔一起翻译普鲁斯特的作品。1926 年 12 月至 1927 年 1 月造访莫斯科。与阿丝雅·拉西斯重逢。

1927 年　开始准备《巴黎拱廊街》的写作资料。

1928 年　《德国悲剧的起源》和《单行道》由罗沃尔特出版社出版。

1930 年　与朵拉离婚。计划与布莱希特合办《危机与批评》杂志。北欧之行。

1931 年　1 月在巴黎，回柏林。5 月回法国。8 月深陷忧郁症之中，萌生自杀念头。10 月重返柏林。

1932 年　4—7 月第一次去西班牙巴利阿里群岛。企图自杀。撰写《柏林编年史》。

1933 年　3 月开始流亡巴黎。4—9 月，再次去西班牙巴利阿里群岛。开始为法兰克福社会研究所写文章。

1934 年　在巴黎。7—10 月，在丹麦斯文堡海滩访问贝托尔·布莱希特。

1935 年　2 月住在意大利圣雷莫的前妻处，重新开始《巴黎拱廊街》的写作工作。成为法兰克福社会研究所的正式成员。《机械复制时代的艺术品》在《社会研究杂志》上发表。

1936 年　撰写《夏尔·波德莱尔》。第二次前往丹麦访问布莱希特。书信集《德国人》由瑞士新生（Vita Nova）出版社出版。使用化名德特勒夫·霍尔茨（Detlef Holz）。

1937 年　在巴黎。6—8 月在意大利与阿多诺相遇，后来又在巴黎重逢。

1938 年　1 月 15 日迁入他在巴黎的最后的住所。6—10 月第三次也是最后一次前往丹麦访问布莱希特。

1938—1939 年　年末及元旦前后在意大利圣雷莫与阿多诺会晤。

1939 年　2 月 4 日，被取消德国国籍。9—11 月被拘禁在法国中部小城纳维尔（Nevres）的克洛斯·圣约瑟夫拘留营。《论波德莱尔的几个母题》在《社会研究杂志》上发表。

1940 年　返回巴黎。因怕空袭暂留乡下。构思《关于历史的概念》。在霍克海默的周旋下获得担保和赴美国的签证。6 月中旬，在德军到来之前逃往法国西南部小城卢尔德（Lourdes），然后逃往马赛。9 月 25 日徒步进入西班牙边境小镇波尔特沃[1]，

---

[1] 波尔特沃（Portbou，根据西班牙加泰罗尼亚语发音），与法国接壤的西班牙加泰罗尼亚区赫罗纳省的一个小镇。总面积 9 平方千米，总人口 1398 人（2001 年），人口密度为 155 人 / 平方千米。

试图翻越比利牛斯山的出逃计划失败。他被告知将被遣送回法国，第二天服安眠药自杀。关于他的死，其说不一。

1942 年　霍克海默和阿多诺编辑出版了文集《忆本雅明》，收入本雅明临死前构思的《关于历史的概念》一文提纲。

1955 年　阿多诺夫妇在德国苏尔坎普出版社编辑出版了两卷本《本雅明文集》。

1972 年　苏尔坎普出版社开始编辑出版六卷本的《本雅明全集》。

1996 年　苏尔坎普出版社出版了米夏埃尔·欧皮茨编辑的一卷本《本雅明读本》。

译后记

    2006 年 10 月初，译者在柏林参加了本雅明协会举办的"本雅明学术讨论会暨年会"，在新落成的柏林艺术科学院地下室参观了本雅明档案馆举办的"《瓦尔特·本雅明档案》展览"并买下这本书，打算有时间将它译出，供国内读者参考。这本书是这个展览的部分原件汇编和解释。

    在展出的实物中，最令我感到震撼的是本雅明的微书写："在那张长 22 厘米的纸页上，他写了整整八十一行。""那些大大小小的纸片尺寸令人着迷：有些纸片不到 4.5 厘米 × 9 厘米。尽管如此，本雅明仍然能够成功地加以利用，直至最后一平方毫米。他留下了大量的小纸片、笔记、纸条，那上面详细而又丰富地展现着他的伟大工作。"

    在这之前，我翻译过本雅明的《单行道》。2003 年，我的《单行道》译本以《班雅明作品选》一书的形式首先由台北允晨文化出版社出版。2006 年 9 月，人民文学出版社出版了《单行道》的单行本。

    2007 年 10 月，我回国之后，了解到国内本雅明译介和研究正方兴未艾，因此在完成《黑塞画传》之后，便开始翻译《本雅明档案》。我深信这本书对深入认识和研究本雅明的思想及其一生非常重要。我一边译，一边询问几家出版社，他们都觉得这本书读者圈子不会很大，肯定不会带来什么经济效益，因此都拒绝了。

    尽管如此，我还是想在没有时间压力的情况下先把它翻译出来再说，只有这样，才能从容地解决这本书中的疑难之处。因为翻译这本书需要查阅的背景资料太多了，仓促间根本不可能完成这本书的翻译任务。但我刚开始翻译，这本书的翻译计划就被生活·读书·新知三联书店委托的翻译任务挤掉了，一拖就是两年多。直到 2014 年夏天，我才推掉了其他项目，决心翻译自己一直想翻译的东西。我集中精力先翻译了《本雅明档案》，接着翻译德国作家写的本雅明传记《行囊沉重的旅客》。

《本雅明档案》译稿全部完成后，仍然没有找到一家愿意出版这本书的出版社。

2013 年年底，复旦大学出版社的一位编辑朋友询问我有什么好书可以推荐，于是我就把这本书和其他两本书一起推荐给他们。同时，我也开始为他们出版社向歌德学院申请翻译资助，并帮助他们联系德国苏尔坎普出版社。但翻译资助的申请没有结果，在与德国出版社有关版税的谈判过程中，双方也迟迟未取得一致意见。这时候，北京师范大学出版社购买了这本书的版权。

德国苏尔坎普出版社通知我这个消息的同时也告知北京师范大学出版社，我已经完成了这本书的翻译工作。于是，我主动与北京师范大学出版社联系，在师兄舒昌善教授的介绍下，我拜访了该社谭徐锋先生。我向谭先生介绍了我翻译这本书的经过，并提供了《本雅明档案》电子版文件，请他们看了之后决定是否可以采用。很快我就接到谭先生的电话，说同意使用我的译本，等与德国的出版社签订了版权合同之后就与我签订委托翻译出版合同。

对我来说，这是一个值得庆贺的消息。可是，过了元旦又过了春节，仍然没有消息。我联系之后方知德国的合同还没有回复。我猜想一定是德国出版社负责版权的人疏忽了，不然，德国人办事不会这么拖拉。于是我又问苏尔坎普出版社负责版权转让的编辑科维林先生，他立刻回信，再三道歉，说他休假之后把这件事忘了。

现在，在《本雅明档案》这本书即将出版之际，我衷心希望这本书对国内学术界的本雅明研究能起到一定的推动作用。

本雅明在《批评家之技巧的十三条论纲》（见《单行道》）中说过："对于批评家来说，更高一审法院是他的同行。不是公众。更不是后世。"所以，我重视并欢迎同行的批评。请各位方家不吝指正。

李士勋

2019 年 4 月 18 日

图书在版编目(CIP)数据

本雅明档案 / 德国瓦尔特·本雅明档案馆编；李士勋译 . —北京：
北京师范大学出版社，2019.9
ISBN 978-7-303-23419-6

Ⅰ. ① 本 …　Ⅱ. ① 德 …　② 李 …　Ⅲ. ① 本亚明（Benjamin,
Walter 1892-1940）—人物研究　Ⅳ. ① K835.165.1

中国版本图书馆 CIP 数据核字（2018）第 020777 号

版权登记号：01-2015-6699

Walter Benjamins Archive

© Suhrkamp Verlag Frankfurt am Main 2006.

All rights reserved by and controlled through Suhrkamp Verlag Berlin.

营 销 中 心 电 话　　010-57654738　57654736
北京师范大学出版社谭徐锋工作室　　http://xueda.bnup.com

BENYAMING DANGAN

出版发行：北京师范大学出版社 www.bnup.com
　　　　　北京市西城区新街口外大街 12-3 号
　　　　　邮政编码：100088
印　　刷：北京盛通印刷股份有限公司
经　　销：全国新华书店
开　　本：730 mm×980 mm　1/16
印　　张：15.5
字　　数：205 千字
版　　次：2019 年 9 月第 1 版
印　　次：2019 年 9 月第 1 次印刷
定　　价：108.00 元

策划编辑：谭徐锋　　　责任编辑：曹欣欣
美术编辑：李向昕　　　装帧设计：周伟伟
责任校对：段立超　　　责任印制：马　洁